한글처럼
읽어주는

술술
영어동화

한글처럼 읽어 주는 술술영어동화

초판 1쇄 발행 2016년 6월 7일
   2쇄 발행 2017년 12월 5일
   3쇄 발행 2020년 1월 21일

지은이 김병천
펴낸이 장길수
펴낸곳 지식과감성#
출판등록 제2012-000081호

디자인 양보영
편집 김수진, 이현
교정 이규재
마케팅 고은빛, 윤석영

주소 서울시 금천구 벚꽃로298 대륭포스트타워6차 1212호
전화 070-4651-3730~4
팩스 070-4325-7006
이메일 ksbookup@naver.com
홈페이지 www.knsbookup.com

ISBN 979-11-5961-157-5(03590)
값 11,500원

ⓒ 김병천 2020 Printed in Korea

잘못된 책은 구입하신 곳에서 바꾸어 드립니다.
이 책의 전부 또는 일부 내용을 재사용하려면 사전에 저작권자와 펴낸곳의 동의를 받아야 합니다.

이 도서의 국립중앙도서관 출판예정도서목록(CIP)은 서지정보유통지원시스템
홈페이지(http://seoji.nl.go.kr)와 국가자료공동목록시스템(http://www.nl.go.kr/kolisnet)에서
이용하실 수 있습니다. (CIP제어번호 : CIP2016013681)

홈페이지 바로가기

부모들이 아이들에게 **영어동화를 쉽게 읽어 주지 못하는 이유**가 무엇일까?

한글처럼 읽어주는 술술 영어동화

김병천 지음

영어에 자신이 없는 부모라도 아이들을 위해 다시 한 번 도전해 볼 만한 책!

부모가 영어동화를 쉽게 읽어 주고 아이들이 영어동화를 쉽게 읽어 줄 수 있는 방법을 알려 주고자 한다. 이 책의 구성은 1부에서는 지난 수년간 '100권 영어동화 술술 읽기' 수업에서 부모들이 영어동화와 관련해서 궁금했던 사항들을 중심으로 구성하였으며, 2부에서는 영어동화를 영어문장이 쓰인 방향으로 쉽게 읽을 수 있는 노하우를 소개하며 3부에서는 전래 영어동화를 읽는 실전방법을 소개하고자 한다.

목차

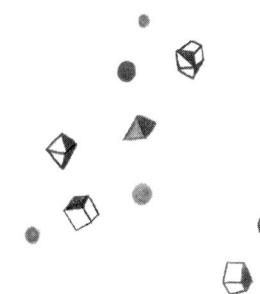

시작하면서   6

제1장
부모들이 궁금해하는 영어동화 관련 질문

질문 1 영어동화가 필요한 이유는 무엇인가요?	10
질문 2 언제부터 영어동화를 읽어 주어야 하나요?	17
질문 3 어떤 영어동화책을 골라야 하나요?	22
질문 4 영어동화를 읽어 줄 때 발음 때문에 걱정입니다	25
질문 5 아이들의 영어가 부모보다 낫지 않나요?	27
질문 6 영어동화 내용을 한글로 설명해 주어야 하나요?	30
질문 7 한글동화와 영어동화 중 어느 것을 먼저 읽어야 하나요?	34
질문 8 조기유학이 영어에 효과가 있나요?	37
질문 9 영어동화를 읽어 주기 전에 알파벳을 가르쳐야 하나요?	41
질문 10 아이들에게 파닉스가 필요한가요?	43
질문 11 영어동화의 문법 수준은 어느 정도인가요?	46
질문 12 아이들에게 영어동화를 큰 소리로 읽게 해야 하나요?	49
질문 13 영어동화 해석을 말로 하는 것이 나은가요? 해석을 쓰게 하는 것이 나은가요?	52
질문 14 영어동화를 읽어 주기 전에 무엇을 준비해야 하나요?	56

제2장	방법 1	주어는 어떻게 해석하나요?	74
영어동화를		- 대명사는 반드시 지칭하는 것을 반복해야 하나요?	
정말 쉽게	방법 2	동사는 어떻게 해석하나요?	92
읽어 주는	방법 3	동사의 역할은 무엇인가요?	96
방법		- 시제를 표현	
		- 긍정과 부정을 표현	
		- 현실과 가정을 표현	
		- 능동과 수동을 표현	
	방법 4	동사 다음에 사람이 나오면 어떻게 해석하나요?	120
		- 주어+동사+사람+명사(4형식)	
		- 주어+동사+사람+동사(5형식)	
	방법 5	긴 영어 문장은 어떻게 해석하나요?	130
		- 동사를 연결해서 길게 만드는 방법	
		- 문장으로 연결된 긴 문장 해석	

제3장	동화 1	Hensel and Gretel(헨젤과 그레텔)	156
영어 문장	동화 2	Snow White and the Seven Dwarfs	
순서대로		(백설 공주와 일곱 난쟁이)	174
술술	동화 3	Cinderella(신데렐라)	183
영어동화	동화 4	Rapunzel(라푼젤)	193

시작하면서

학부모를 대상으로 지난 몇 년간 시행한 '100권 영어동화 술술 읽기'를 진행하면서 느낀 점은 학부모들이 자녀에게 영어동화를 읽어 주고자 하는 마음이 너무 간절하다는 것이었다.

이런 마음을 가진 부모들은 아이의 나이와는 상관이 없었다. 취학 전 아이이건 현재 학교에 다니는 아이이건 상관없이 자신의 아이들에게는 부모가 직접 영어동화를 읽어 주기를 바라거나 아니면 아이가 영어동화를 직접 읽을 수 있었으면 하는 바람이었다.

부모의 이런 마음과는 달리 부모가 영어동화를 읽어 주거나, 아이가 영어동화를 직접 읽기에는 어려움이 많다. 시중에 나와 있는 영어동화 관련 교재나 강의는 별로 도움이 되지 않아 보인다. 그 이유는 지금도 부모들이 쉽게 영어동화를 아이에게 읽어 주지 못하기 때문이다.

그럼 부모들이 영어동화를 아이들에게 쉽게 읽어 주지 못하는 이유가 무엇일까? 적어도 부모들은 중등 교육 이상을 받은 사람들이고 영어동화에 나오는 단어의 80~90% 이상을 알고 있음에도 영어동화를 쉽게 접근하지 못하고 있다.

참 아이러니한 일이 아닐 수 없다. 영어동화에 나오는 단어나 문장을 보면 다 이해할 것 같은데 부모로서 직접 아이에게 영어동화를 읽어 주려고 하면 막막해진다. 부모가 이미 알고 있는 문법이 많은데도 말이다.
그 이유는 간단하다. 영어동화에 쓰인 문장을 순서대로 읽지 못하기 때문이다. 영어동화에 나오는 문장이 간단하면 그나마 읽을 수 있지만 두 줄만 넘어가도 머리가 아파 온다. 거꾸로 해석을 해 보지만 만족스럽지가 못하다.

더욱이 아직 어린 아이들에게 영어동화에 나오는 영어 문장을 거꾸로 읽어 주게 되면 아이들은 영어를 어려워하게 된다. 영어가 어렵다고 생각하면 아이들은 흥미를 잃게 되고 영어동화를 싫어하게 된다.

영어동화에 나오는 영어 문장을 쓰인 순서대로 읽고 이해하게 되면 아이들은 영어동화를 좋아하게 된다. 영어동화는 쉽고 재미있게 쓰인 아이들을 위한 책이다. 그 영어동화책을 아이에게 돌려주어야 한다.

이 책에서는 부모가 영어동화를 쉽게 읽어 주고 아이들이 영어동화를 쉽게 읽어 줄 수 있는 방법을 알려 주고자 한다.

1부에서는 지난 수년간 '100권 영어동화 술술 읽기' 수업에서 부모들이 영어동화와 관련해서 궁금했던 사항들을 중심으로 구성하였으며, 2부에서는 영어동화를 영어 문장이 쓰인 방향으로 쉽게 읽을 수 있는 노하우를 소개하며, 3부에서는 전래 영어동화를 읽는 실전방법을 소개하고자 한다.

　이 책이 발간되는 데 많은 모티브를 준 학부모님들과 나의 사랑하는 가족들에게 감사의 말을 전하고 싶다.

제1장
부모들이 궁금해하는
영어동화 관련 질문

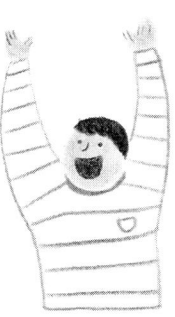

질문 1.

영어동화가 필요한 이유는 무엇인가요?

　영어동화가 필요한 이유는 한글동화가 필요한 이유와 같이 생각할 수 있다. 동화는 쓰인 언어와 관계없이 어린 아이들이 즐겁고 쉽게 읽을 수 있도록 만들어진 책이다. 동화를 통해 아이들은 현실에서 만나지 못하는 세상을 경험하며 상상력을 키우게 된다.

　동화는 스토리 전개를 위해 화려한 색채로 그려진 그림을 사용하며 글자의 크기도 어린 아이들이 읽기 쉽도록 크게 구성을 하고 있다.

　부모들이 아이들에게 동화를 읽어 주는 이유는 크게 두 가지로 아이의 상상력 증대와 글자를 깨우치게 하기 위함이다. 부모들은 아이들이 어릴 때 한글동화를 아이들에게 열심히 읽어 준 기억이 있을 것이다. 아이들은 한글동화가 재미있어 부모에게 계속 다른 동화를 읽어 달라고 조르던 기억이 모든 부모에게 있을 것이다. 이처럼 동화는 아이들의 지적호기심을 자극하는 첫 출발점인 셈이다.

 영어동화도 마찬가지 역할을 할 수 있기 때문에 부모들은 자신의 아이들에게 영어동화를 읽어 주고 싶어 한다. 영어동화를 통해 아이들이 조기에 영어에 대한 이해를 하고 영어와 친숙해질 수 있는 기회를 제공하고자 한다. 영어동화에 나오는 다양한 이야기를 통해 한국이 아닌 다른 세상과 접촉함으로써 넓은 세계관을 가지도록 하고 싶기도 하다.
 어린 시절부터 많은 책을 읽은 아이들은 자라면서 문장에 대한 이해력이 높기 때문에 학교에서 좋은 결과가 있다는 것은 누구나 알고 있다. 영어동화를 많이 읽으면 당연히 영어에 대한 이해력이 높아져 중등학교에서 영어를 잘할 가능성이 높아진다.

 영어동화를 읽으면 영어를 읽어 내는 지구력이 향상된다. 다시 말하면, 긴 문장을 잘 이해할 수 있다는 뜻이다. 영어동화는 스토리 전개이기 때문에 이야기의 줄거리를 잘 파악하면서 읽어야 한다. 이야기에 나오는 주인공과 등장인물들이 무엇을 하는지, 왜 그렇게 하는지, 상호 간에 갈등은 왜 발생을 하는지 등 여러 가지를 생각하면서 이야기를 읽어 가야 하기 때문에 이야기 전체를 파악하는 데 도움이 된다.

그래서 영어동화를 많이 읽은 아이들은 단순한 문법 문제보다는 독해에 강세를 보인다. 스토리 위주로 공부한 아이들은 주제를 찾거나, 문장을 배열하거나, 문장 중간에 말을 끼워 넣는 형태의 고난이도 문제에 아주 강하다.

이런 훈련을 통하면 수학능력 영어시험에서도 많은 도움이 될 수 있다. 수능에서는 한 문항당 지문의 길이가 15줄 정도이고 단어 수도 150단어 이상을 쓰는 경우가 많다. 수능의 읽기 문제는 거의 모든 지문이 많은 분량을 읽고 해석을 해야 한다. 한 문항당 주어진 시간은 약 2분 정도밖에 되지 않기 때문에 평소에 영어 문장을 빠르게 읽고 정확하게 이해하는 훈련이 되어 있어야 한다.

---

22. 다음 글의 주제로 가장 적절한 것은?

Twin sirens hide in the sea of history, tempting those seeking to understand and appreciate the past onto the reefs of misunderstanding and misinterpretation. These twin dangers are temporocentrism and ethnocentrism. Temporocentrism is the belief that your times are the best of all possible times. All other times are thus inferior. Ethnocentrism is the belief that your culture is the best of all possible cultures. All other cultures are thus inferior. Temporocentrism and ethnocentrism unite to cause individuals and cultures to judge all other individuals and cultures by the "superior" standards of their

> current culture. This leads to a total lack of perspective when dealing with past and / or foreign cultures and a resultant misunderstanding and misappreciation of them. Temporocentrism and ethnocentrism tempt moderns into unjustified criticisms of the peoples of the past.
> ① distinct differences in the ways of recording history
> ② beliefs that cause biased interpretations of the past
> ③ universal features discovered in different cultures
> ④ pros and cons of two cross-cultural perspectives
> ⑤ historians' efforts to advocate their own culture

긴 지문을 보여주는 수능영어 예[1]

따라서 영어동화를 읽은 아이들이 중등학교로 진학하면서 더욱더 빛을 내는 이유가 바로 그것이다.

최근 조선일보에서는 영어읽기의 중요성에 대해 보도[2]하면서 '읽기혁명'의 저자 스티븐 크라센 교수의 말을 인용하였다.

> "독서는 외국어를 배우는 최상의 방법이 아닙니다. 그것은 유일한 방법입니다."

---

1 발췌 한국교육과정평가원 2016 수능 기출문제
2 http://news.chosun.com/site/data/html_dir/2016/03/07/2016030700264.html

조선일보는 이 기사에서 스티븐 크라센(Stephen Krashen) 미국 서던캘리포니아대(University of Southern California) 석좌교수의 말을 인용하면서 "영어로 된 책을 많이 읽을수록 영어 단어와 문법을 잘 아는 것은 물론 토익·토플 점수도 높게 나온다."고 말했다고 보도했다.

크라센 교수는 또한 외국어를 익히는 방법으로 "한 언어의 문법·어휘·철자·파닉스(발음) 등 모든 규칙을 하나씩 익혀서 배우기에는 너무 방대하고 복잡하다."고 하면서 모든 단어의 뜻과 동의어를 하나씩 설명할 수는 없으며 "뜻풀이를 해 주고 간단한 동의어를 가르치는 어휘 지도는 사회적인 의미나 문법적인 속성을 전달하지 못한다. 그것은 책을 읽으면서 문맥 속에서 단어의 뜻을 파악할 때만 가능하다."고 말했다.

그는 또한 단순한 영어티칭만으로는 영어가 나아지지 않는다는 사례를 다음과 같이 소개하면서 영어독서의 중요성을 강조하였다.

> "단어를 외우고 부지런히 베껴 쓰고 개인 과외를 받는데도 영작 실력이 나아지지 않았던 이스라엘 출신 고등학생이 독서에 흥미를 붙인 지 1년 만에 일목요연하고 완벽한 영문 에세이를 써내었다."

크라센 교수가 주장을 영어동화에 적용하면 어린 아이들이 영어를 쉽게 익히는 방법으로는 아이들에게 복잡한 구조의 영어문법과 무조건 단어를 암기하는 방법보다는 아이들이 좋아하고 쉽게 읽으면서 스토리를 이해할 수 있는 영어동화가 효과적이라고 할 수 있다.

영어동화는 아이들의 창의력 신장에도 큰 영향을 주는 것으로 알려져 있다. 아담 그랜트 작가는 창의력이 있는 사람들의 특징에 대해 기술한 책 오리지날스(Originals)에서 다음과 같이 영어동화가 미래의 상상력과 창의력을 준다고 적고 있다.

> "많은 아이들이 자신의 롤 모델로 소설 속 인물을 선택하고 자라면서 이 인물이 자신의 영웅이 되면서, 그 인물들을 닮으려고 노력하는 과정에서 창의력을 발휘하여 독특한 성취를 이루게 된다."

작가는 이 책에서 미국의 대표적인 인물들이 그들에게 영감을 준 동화와 소설의 예를 다음과 같이 적고 있다.

> "페이스북 창립자인 마크 주크버그(Mark Zuckerberg)는 책 엔더스 게임(Ender's Game)에서 아이들이 지구를 외계인의 공격으로부터 구하는 것으로부터 영감을 받았으며 중국의 알리바바 그룹의 회장인 잭 마(Jack Ma, 马云)는 나무꾼이 자신 스스로 운명을 바꾸는 책 알리바바와 40인의 도둑들(Ali Baba and the Forty Thieves)을 따라 하려고 노력했다."

이와 같이 영어동화와 소설은 아이들의 성장에 많은 도움을 줄 수 있으며 스토리 전개를 통한 외국어를 습득하는 데 좋은 방법이 된다는 주장은 모두가 공감할 것이다. 그러면 어떻게 아이들이 영어동화를 쉽게 읽도록 할 것인지 아니면 부모가 아이들에게 영어동화를 쉽게 읽어 줄 수 있을지에 대해서 의문을 가지게 될 것이다. 바로 그 의문을 이 책에서 다루고자 한다.

질문 2.

언제부터 영어동화를 읽어 주어야 하나요?

    모든 부모들이 바라는 것은 우리 아이들이 영어를 유창하게 하는 것이다. 영어가 거의 절대적 가치를 인정받고 있는 한국에서 부모들이 이렇게 생각하는 것은 당연한 일이다.

    그래서 부모들은 조기에 아이들에게 영어 교육을 제공해 주고자 한다. 이런 부모 마음을 반영해서 아이들을 영어유치원에 보내는 등 여러 가지로 어릴 때부터 영어 노출에 신경을 쓴다.

    그러면 언제 우리 아이들의 영어 교육을 시작하는 것이 좋을까? 유치원? 초등학교 1학년? 아니면 영어공교육이 제공되는 초등학교 3학년?

이와 관련하여 TIME 잡지(2013.7.29.자)에서 다룬 아이들의 외국어 교육에 대한 기사를 인용해 보고자 한다.

먼저 아이들의 영어 교육 시기와 관련해서 TIME에서는 "외국어교육은 빠르면 빠를수록 좋다."는 입장이다.

◎ 자궁에서(출생 3개월 전)
아기들이 생애 처음으로 언어를 들을 수 있는 능력이 생기며 엄마의 언어 리듬을 인식하는 것을 배우게 되는 시기이다.

◎ 출생
새로 태어난 아이는 모국어를 인식하고 모국어를 다른 언어와 구분하게 된다. 만약 엄마가 두 개의 언어를 구사할 수 있으면 아이들은 두 개의 언어 모두를 인식하게 된다.

◎ 생후 9개월
언어 감각이 가장 뛰어난 시기로 1살 때까지는 가장 민감한 귀의 감각을 유지하게 된다. 그러나 1살이 지나면 귀의 감각이 서서히 닫히게 된다.

◎ **6살**
언어 감각이 급격히 떨어지는 시기로, 이 시기는 아기 때와 같이 자연적으로 언어를 배우는 시기가 지나게 되는 시기지만 여전히 10대나 어른에 비해서는 언어를 배우는 게 더 빠른 시기이다.

◎ **16살**
언어, 감각, 고도의 인지력이 모두 떨어진 상태로 새로운 언어를 배우는 데는 어려움이 있다.

필자가 강의를 할 때 현재 아이들을 기르고 있는 부모들에게 위의 자료에 대해 물어봤을 때 부모의 의견도 이와 비슷하다. 아이가 한글을 완전히 알아듣는 5~6세 정도가 되면 아이는 모국어와 외국어를 구분하게 되는 인지능력을 갖추게 되어 이 시기는 외국어를 학습이라 생각하고 영어에 부담을 느끼는 아이들도 있다고 한다.

이 글에서 제시하는 몇 가지를 분석해 보면 다음과 같다.

◎ 임신 때부터 영어동화를 읽는 것이 중요하다.
엄마가 아이를 가졌을 때 영어동화를 아이들에게 읽어 주는 것이 아이들이 향후 영어를 익히는 데 도움이 된다. 엄마가 들려주는 영어의 리듬을 아이가 인식함으로써 향후 영어를 배울 때 친숙함을 가지고 더 빠르게 영어를 습득할 수 있다.

◎ 생후 1살 때까지 많은 영어동화를 읽어 주어야 한다.
1살이 지나기 전에 아이에게 부모가 영어동화를 읽어 주는 것은 아이의 영어능력 발달에 중요한 요소이다. 아이는 부모의 모국어와 외국어를 구분해서 들을 수 있는 감각과 인지력을 가지고 있으므로 이 시기에 많은 영어동화를 읽어 주는 것이 필요하다.

◎ 초등학교 입학 전에 영어의 노출이 중요하다.
초등학교 입학 전에 아이들에게 영어 노출의 기회를 최대한 제공해 주어야 한다. 이 시기는 이미 언어 습득 능력이 떨어지기 시작하나 늦지는 않은 시기이다.

또한 TIME의 이 기사에서는 두 개 이상의 언어를 할 수 있는 아이의 장점을 다음과 같이 말한다.

> "두 개 이상의 언어를 하는 아이는 이성적 사고, 다중 업무 처리, 이해력, 갈등 해소 부분에서 한 언어만 하는 아이보다 나은 결과를 보인다."
>
> "두 개 이상의 언어를 하는 아이가 성인이 되면 인지능력이 더 지속되고, 치매 발생을 지연해 주며, 알츠하이머병의 발병을 늦춰 준다."

영어동화를 아이에게 읽어 주는 부모는 아이의 영어습득 능력에 도움이 되지만 어떤 면에서는 향후 자신의 정신건강에도 많은 도움이 될 수 있다는 뜻으로 부모로서는 영어동화를 시도해 볼 가치가 있다고 보인다.

질문 3.

어떤 영어동화책을 골라야 하나요?

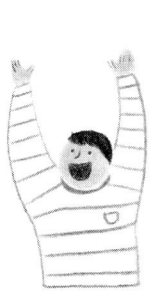

    부모들이 영어동화에 대해 가장 궁금하게 생각하는 것은 어떤 동화책을 골라야 하는가이다. 부모들은 아이들이 좋아하고 영어 학습에 좋은 아주 특별한 영어동화 교재가 있다고 믿고 있다. 그래서 수업을 하고 나면 가장 많이 질문을 하는 것 중에 하나가 교재에 대한 질문이다.

    그러나 불행하게도 영어동화 교재에는 특별한 것이 없다. 비교하자면 한글동화를 고를 때 특별한 기준이 없는 것과 마찬가지다. 다만 영어동화를 고를 때 몇 가지 기준을 들면 다음과 같다.

◎ 부모가 영어동화의 **80%** 이상의 단어를 알아야 한다.

부모가 아이에게 영어동화를 읽어 주기 위해서는 영어동화에 나오는 단어 중에서 모르는 단어는 10개 중 2개 정도이어야 한다.

이 이상 영어동화에 나오는 단어를 모르게 되면 부모에게 어려운 영어동화가 된다. 부모가 영어동화를 어려워하면 아이에게 읽어 주는 데 부담이 된다. 부모에게 부담이 되면 아이들에게 영어동화를 읽어 주는 것도 부담이 되고 결국 부모가 단어를 찾다 지쳐서 포기를 하게 된다.

경험상 부모들이 중등학교를 졸업한 경우라면 아는 단어 수가 2,000~4,000단어 정도가 되므로 영어동화에 나오는 단어는 충분히 알 수 있다고 본다. 단지 영어동화는 동화에 대한 내용이 많아 이름이나, 동물, 식물 등을 의인화한 내용이 많으므로 일부 단어는 어렵지만 영어 문장 구성에서 중요한 동사는 무난히 알 수 있는 단어들이기 때문에 크게 걱정할 필요는 없다.

◎ 출판사는 크게 상관이 없으나 영미 영어동화가 좋다.

부모들이 영어동화를 선택할 때 어떤 출판사의 영어동화책이 좋은지 물어온다. 영어동화를 선택할 때 출판사는 중요하지 않다. 일부 이름난 출판사의 경우 우리에게 잘 알려져 있어 아주 영어동화의 스토리가 특별할 것 같지만 한글동화와 같이 영어동화의 내용은 아이들을 위해 흥미롭고 화려하게 구성하고 있기 때문에 출판사는 문제가 되지 않는다.

단지 국내 출판사에서 발행한 영어동화보다는 영미 출판사가 발행한 영어동화가 좋다. 국내 출판사가 발행한 영어동화의 경우 전래동화일 경우가 많고, 전문 영어동화 작가가 지필을 하지 않았기 때문에 스토리 전개가 아이의 흥미를 끌지 못하는 경우가 많다.

영미 출판사의 경우는 전문 영어동화 작가가 지필을 하므로 영어표현이 풍부하고 스토리의 전개가 재미있고 구성이 탄탄하다. 영어동화에 들어가 있는 일러스트레이션(삽화)도 아주 함축적으로 화려하게 스토리에 맞게 삽입되어 있어 아이들에게 그림을 이용해서 영어동화를 설명하는 데 아주 유익하다.

◎ **CD가 포함되어 있는 책이 좋다.**
부모가 아이들에게 영어동화를 읽어 준 후 영어동화를 반복하고 싶을 때 만약 부모가 같은 영어동화를 두 번 읽어 준다면 아이들은 재미가 없을 것이다. 그렇다고 영어동화를 한 번만 읽어 주고 지나가기에는 뭔가 섭섭하다. 부모가 노력한 만큼 결과가 나타나지 않을 것 같다.

이럴 때 필요한 것이 영어동화 부록으로 되어 있는 CD이다. 영어동화를 읽고 난 후 아이들에게 읽은 영어동화 CD를 틀어 주면 아이들은 영어동화 스토리를 알고 있기 때문에 그 내용을 들으면서 자연스럽게 반복을 하게 된다. CD를 들으면서 아이들은 영미 사람들의 발음에 익숙하게 된다.

질문 4.

영어동화를 읽어 줄 때 발음 때문에 걱정입니다

부모가 아이에게 영어동화를 읽어 줄 때 부모로서 가장 걱정이 되는 것은 동화를 영어로 읽어 주어야 한다는 것이다. 이때 신경이 쓰이는 것이 발음이다.

요즘 아이들이 학원이나 매체에서 외국인의 영어발음에 많이 노출되어 있기 때문에 이런 아이들 앞에서 영어를 읽어 주는 것은 여간 신경이 쓰이는 일이 아니다. 부모들이 영어를 배울 때는 발음이 그렇게 중요한 요소가 아니었기 때문에 영어 발음을 한다는 것은 부담스럽다. 부담스럽다고 부모가 아이의 영어를 가르치는 것을 포기할 수는 없다. 다행스럽게도 이 문제를 해결할 수 있는 방법들은 많이 있다.

◎ **영어동화에 들어 있는 CD를 활용하자.**

영어동화에는 대부분 영어동화 내용을 내레이션한 CD가 들어있다. CD는 영미 사람들이 리딩을 하기 때문에 표준발음으로 생각하면 된다. 부모들은 이 CD를 활용하면 된다. 아이에게 읽어 줄 영어동화책을 보면서 CD를 귀로 듣고 입으로 연습을 하면 된다.

처음에는 어색하겠지만 곧 적응이 된다. 부모의 강점은 영어동화에 나오는 단어들을 알고 있기 때문에 알고 있는 단어에 발음만 입히면 된다.

영어동화의 특징은 문장의 반복성이기 때문에 첫 몇 장만 연습하고 나면 나머지 부분의 발음은 그렇게 어렵지 않다. 영어동화의 내용이 길지 않으므로 CD를 3~4번 들으면 금방 그 발음을 따라할 수 있다. 반드시 발음이 100% 똑같을 필요는 없으므로 어색하지 않은 정도의 발음만 하면 된다.

◎ **스마트폰이나 컴퓨터의 사전 기능을 활용하자.**

모르는 단어를 스마트폰 사전 어플이나 컴퓨터의 포털사이트에 검색을 하면 발음이 같이 안내된다. 이 발음을 몇 번 들으면서 입으로 연습을 하면 된다.

영어동화에 나오는 단어는 그렇게 어렵거나 긴 단어는 없다. 따라서 발음도 그렇게 어려운 편이 아니므로 부모는 용기를 가지고 아이를 위해서 연습을 할 필요가 있다.

질문 5.

아이들의 영어가 부모보다 낫지 않나요?

　부모들이 아이들에게 영어동화를 읽어 줄 때 걱정을 하는 이유는 우리 아이가 부모보다 영어 실력이 더 낫다고 생각을 하기 때문이다.

　아이들이 어릴 때부터 학원이나 영어유치원을 다니면서 배운 영어로 인해 아이들의 영어발음이 좋아지고 영어에 대한 노출 기회가 많아지면서 아이들의 영어 실력이 이전보다는 많이 향상된 것은 사실이다.

　그렇지만 그 실력이 어른보다 나을까? 결론부터 이야기하면 그렇지 않다.

　아이들보다 어른들의 영어 실력이 훨씬 낫다. 그 이유는 어른들이 배운 영어의 기간이 훨씬 아이들보다 길고 그 공부량도 많기 때문이다. 몇 가지 예를 들어 보자.

아이들이 초등학교를 다니면서 배우게 되는 영어 단어는 기본 800단어이다. 그렇지만 고등학교까지 배우는 영어 단어 숫자는 약 4,000개 단어 정도이다. 고등학교까지 배우는 단어를 다 기억을 못 한다고 하더라고 기본적으로 아이들보다는 어른이 영어 단어를 더 많이 알고 있다는 뜻이다.

이것이 잘 나타나는 것을 필자는 같은 영어동화를 어른과 아이들에게 가르칠 때 보았다. 아이들에게 영어동화에 나오는 단어는 처음 접해 보는 단어가 많지만 어른들은 대부분의 단어를 알고 있다. 어른들이 중등 과정까지 배운 영어가 그 정도의 힘을 가지고 있다는 것이다.

그러면 왜 이렇게 부모들이 영어를 많이 알고 있으면서도 아이에게 영어를 가르치는 것이 버거울까?

부모들이 영어를 배울 때 영어를 너무 힘들게 배웠기 때문이다. 따라서 어른들의 머릿속에는 영어가 정말 어렵다는 트라우마가 있고 그로 인해 가르치는 것이 두렵게 느껴지기 때문이다.

같은 초등과정이지만 수학을 생각해 보면 어떤가? 어른들의 수학 실력이 아이들보다 훨씬 낫기 때문에 초등학교 과정의 수학은 그래도 부모가 돌봐 줄 수 있다. 그렇지만 영어는 다르게 생각을 한다.

이렇게 생각을 하는 이유에는 영어가 언어라는 특징이 있기 때문이다. 영어는 수학과는 달리 발음을 아이들에게 해 주어야 한다. 어른들의 발음은 아무래도 아이들보다 나을 수는 없다. 우리 부모들이 학교 다닐 적에는 영어를 선생님의 발음에만 의지해서 배웠지만 요즘은 학교에서 원어민 선생님들이 있고, CD 등 각종 영어매체들이 아이들의 영어발음 향상에 도움을 준다. 아이들의 버터 발린 발음에 부모들은 주눅이 든다.

그러나 부모가 기가 죽을 필요는 없다.

영어가 어려운 이유는 영어를 거꾸로 해석해 왔기 때문이다. 만약 이 영어를 영어가 쓰인 방향으로 해석하고 이해를 하면 그리 어렵지 않다. 부모가 많이 알고 있는 단어를 기본으로 한다면 영어동화 정도는 충분히 지도가 가능하다고 본다. 부모가 가진 잠재성 있는 영어 실력으로 아이들을 압도해 보자.

질문 6.

영어동화 내용을 한글로 설명해 주어야 하나요?

학부모를 대상으로 '100권 영어동화 술술 읽기' 강의를 할 때 학부모들이 많이 하는 질문 중 하나는 다음과 같다.

"영어동화를 읽어 줄 때 한글로 해석을 해 주어야 하나요?"

부모들이 이 질문을 하는 이유는 무엇일까?

부모들이 지금까지 알고 있는 영어동화를 읽어 주는 방법은 아이들에게 영어로만 읽어 주고 한글로 해석을 해 주지 않아야 한다는 이야기를 어디선가 들었기 때문이다. 영어를 영어로 받아들여야 한다는 내용이다.

정말 우리 아이들이 영어를 영어로 받아들일 수 있을까?

결론적으로 말하자면 불가능이다. 단적으로 다른 예를 들어보자면 우리 어른들이 알지 못하는 아랍어로 된 책을 읽을 때 아랍어로 이해하는가?

외국어를 읽을 때 학습자는 자신의 모국어(우리는 한글)를 바탕으로 외국어를 이해하게 된다. 모르는 영어단어가 있을 때 영한사전을 찾는 이유이기도 하다.

그런데 유독 부모들은 우리 아이들에게 영어동화를 읽어 줄 때 해석을 해 주지 않고 그냥 영어만 읽어 주거나 아니면 영어로 된 CD만을 틀어 주고 아이보고 그냥 알아들으라고 한다. 이럴 경우 아이들은 엄마에게 다음과 같이 질문한다.

"엄마, 무슨 뜻이에요? 해석해 주세요!"

아이들은 갑갑해 한다. 영어단어에 대해 이해도 하지 못한 상황에서 바로 영어로 이해하라고 하니...

모국어가 한글인 우리 아이들에게 영어동화를 읽어 주기 위해서는 반드시 한글을 사용해야 한다. 단 한 가지 조건이 있다.

> "영어 문장 순서대로 한글 해석을 해 주어야 한다."

영어 문장을 쓰인 방향으로 읽으면서 영어 한 단어, 한 단어에 한글로 해석을 달아서 영어동화를 읽으면 아이들은 영어를 읽으면서 이해는 자신의 모국어인 한글로 하게 되므로 영어동화를 읽는 것이 재미있고 어려움이 없다.

영어동화의 문장을 쓰인 방향으로 이해하는 방법은 2장에서 설명을 하겠지만 강조하고 싶은 것은 영어동화를 읽어 주면서 반드시 영어 문장의 순서대로 해석을 해 주어야 아이들은 영어동화에 나오는 스토리를 이해하면서 즐겁고 지속적으로 읽어가게 된다.

이러한 결과는 필자가 초등학교 4~6학년 학생들을 대상으로 한 '영어동화 술술 읽기' 수업에서 잘 나타났다. 초등학교 4~6학년 아이들을 대상으로 영어동화 읽기 강의(재능기부)에서 매주 한 권의 영어동화에 해석을 달면서 스토리를 이해했다. 스토리를 이해하고 영어동화 분량도 많이 이해를 하니 아이들이 정말 즐거워했다. 당연히 아이들의 기대감도 높아져 다음 시간에 할 영어동화에 대해 기대감을 가지게 되었다.

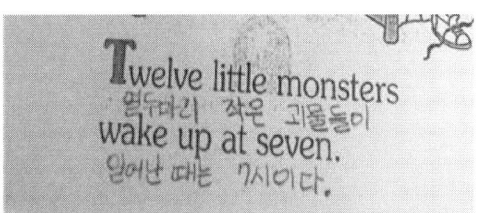

영어 문장 순서대로 아이들이 한글로 해석한 예[3]

한글이 모국어인 아이들에게 한글 바탕 없이 영어동화를 이해하는 것은 불가능이라는 것을 꼭 기억해야 한다.

---

3 발췌 Monster's Math of Scholastic

질문 7.

한글동화와 영어동화 중 어느 것을 먼저 읽어야 하나요?

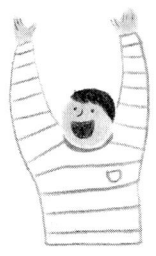

　아이들이 자랄 때 한 가지 언어 이상의 언어 환경에 노출된다면 어떤 언어를 먼저 습득할까? 당연히 아이가 많이 사용하고 편한 언어를 먼저 사용하려고 할 것이다. 이 언어가 보통은 모국어가 해당된다. 모국어는 부모가 사용하는 언어를 아이가 사용하는 것으로 태어날 때부터 사용하게 되는 언어이다. 그렇기 때문에 편한 언어가 된다. 우리나라에서 태어나는 아이들은 한글이 모국어가 된다.

　그러나 모국어가 아닌 다른 언어를 습득하는 것은 아이들에게는 다른 느낌을 준다. 부모가 그 언어를 평소에 사용하지 않기 때문에 아이 또한 그 언어를 낯설게 느끼게 된다. 외국어에 대해서는 불편하고 어렵다는 생각을 하게 되는 이유이다.

하지만 만약 부모가 두 언어를 편하게 사용하면 어떤 결과가 나올까? 아이들은 두 언어 모두에게 크게 거부감을 느끼지 않는다. 부모를 통해 두 언어가 동등한 언어로 인식될 수 있기 때문이다. 이 경우에도 언어를 사용하는 데 우선순위는 있을 수 있다. 두 언어 중에 그래도 더 편한 언어가 제1언어가 될 것이고 그 다음 언어가 제2언어가 될 것이다.

이 점에서 부모가 아이에게 영어동화를 어떻게 읽어 주는가가 아이의 언어에 대한 생각을 결정하게 된다. 부모가 쉽게 아이에게 영어동화를 읽어 주면 아이는 큰 무리 없이 그 언어를 습득할 것이지만 그렇지 못하면 아이는 부담을 느끼게 된다.

질문으로 돌아가서 한글동화와 영어동화 중 어떤 동화를 먼저 읽어 주어야 하는가를 결정할 때는 부모가 얼마만큼 영어동화를 쉽게 읽어 줄 수 있느냐에 달려 있다. 만약 부모가 영어동화를 한글과 같이 쉽게 접근할 수 있다면 한글동화와 영어동화를 같이 읽어 줘도 된다. 하지만 그렇지 못할 경우는 한글동화를 먼저 읽어 주는 것이 바람직하다. 부모 욕심에 부모도 잘 이해를 하지 못하는 영어동화를 무리하게 아이에게 읽어 준다면 부작용이 생길 수 있다.

어릴 때 아이들은 영어가 외국어인지 잘 모른다. 영어가 외국어라는 것을 알게 되는 순간 영어를 외국어로 생각하게 되는 것이다. 어느 언어로 된 동화를 읽어 줄 것인지를 결정하는 요소는 아이들이 영어에 대한 반응과 학습속도 등을 고려해서 부모가 결정해야 한다.

질문 8.

조기유학이 영어에 효과가 있나요?

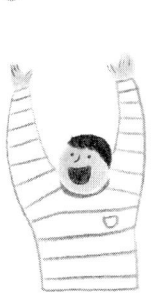

    부모들은 아이들이 영어를 한글보다 더 잘했으면 바란다. 한국사회에서 영어가 차지하는 비중을 보면 당연한 바람일지도 모른다. 그래서 선택을 하는 것이 아이들을 영어권에 조기유학을 보내는 것이다. 과연 조기유학은 어떤 효과가 있을까?

    조기유학은 보통 초등학교 때 해외로 나가 공부를 하는 것으로 어린아이에게는 여러 가지 면에서 영향이 있다. 영어 측면에서는 도움이 되는 것이 사실이다. 현지 학교에 취학해서 하루 종일 영어로 학습을 하게 되므로 영어를 습득하는 속도는 빠르다.

그러나 아이들이라 하더라도 현지에 나갔을 때 바로 영어로 수업을 하기에는 무리가 따른다. 보통의 경우 현지 학교에서는 영어가 익숙지 않은 아이들을 위해 ESL 수업을 개별로 진행을 해 주거나 해서 현지 수업에 빨리 적응하도록 하는 프로그램들이 있긴 하나 모국어가 한글인 아이들이 현지 수업에 완벽히 적응하는 데는 상당한 시간이 걸린다.

조기유학의 문제는 영어가 아니라 한글이다. 아이들은 적응력이 빠른 만큼 그 적응하는 속도로 한글을 잊어버리게 된다. 필자의 큰 아이가 초등학교 1학년 때 미국 현지 학교에서 수업을 하는 것을 보면서 느낀 것은 영어가 늘어가는 속도는 느린 반면 한글을 잊어버리는 속도는 더 빠른 것 같았다.

아이들마다 다 다르겠지만 최소한 6개월은 아이들이 정말 힘든 시간을 보내는 것 같았다. 현지 아이들 속에서 현지 언어인 영어를 잘 못하기 때문에 다른 아이들로부터 놀림도 당할 수도 있고 그로 인해 아이의 기가 많이 눌리기도 하는 것 같았다.

보통 영어를 원어민 정도의 수준을 갖추기 위해서는 5년을 기준으로 한다. 이전에 글로벌화가 진행되었을 때 국가기관에서 현지 언어전문관을 채용하였는데 체류기준을 5년으로 잡은 것을 생각하면 5년 정도는 있어야 그 언어에 익숙해질 수 있다고 판단한 적이 있다.

아이가 2년 정도 조기 유학을 다녀왔을 경우 한글은 거의 다 잊어버린다고 보면 된다. 물론 부모와 일상적으로 대화하는 언어는 알 수 있지만 한글로 지식을 습득하지 않기 때문에 지식에 대한 한글은 거의 다 잊어버린다. 따라서 2년 정도 체류하고 한국에 돌아와 학교에 다시 돌아가 공부할 때는 한글을 많이 사용하는 국어, 국사, 사회 등 과목에서는 어려움을 겪을 가능성이 크다.

또한 한국의 교과과정은 미국 등 선진국보다 훨씬 어렵고 많은 분량을 배우기 때문에 조기유학을 다녀와서 따라가기는 쉽지 않다. 특히 초등학교 과정에서 영어는 그리 큰 비중을 차지하지 않고 대부분의 아이들이 점수를 잘 받는다고 보면 조기유학으로 인해 다른 과목에 대한 감각이 떨어질 경우 뒤처지게 되어 아이들이 학습에 대한 의욕을 상실할 수도 있으니 아주 조심해야 한다.

영어는 귀국 후에 관리가 더 어렵다. 아이들이 영어로 지식을 더 이상 습득하지 않기 때문에 아이는 현지에서 배운 정도의 영어지식만을 가지고 있게 된다. 따라서 시간이 지날수록 가지고 있는 지식은 점점 퇴보하게 되고 몇 년이 지나면 기본적인 내용들만 기억을 하게 된다. 우리 아이의 경우가 그랬다. 물론 현지에서 2년 정도 있었으니 발음과 기본 영어에 대한 개념은 더 나을 수 있다.

조기유학을 보낼지 아닐지에 대해 생각을 할 때 기준은 우리 아이가 앞으로 어디에서 일하고 살 것인지를 잘 판단해야 한다. 부모들의 생각은 한국에서 살더라도 영어를 잘하려면 조기유학을 보내야 한다고 생각한다. 두 마리의 토끼를 한꺼번에 잡기는 쉽지 않다.

　필자가 말하고 싶은 것은 조기유학을 하든 하지 않든 아이들의 국적은 한국인이고 앞으로 자라서 일을 할 때도 결국은 한국과 관련된 일을 하게 된다. 그러면 영어도 중요하지만 한국어를 더 잘할 수 있는 것이 중요하다. 영어를 조금 하겠다고 조기유학을 보냈다가 한국어가 서툴면 어떻게 한국 사람들과 업무를 하겠는가? 조기유학을 보내더라고 한국어를 잘할 수 있도록 준비를 하는 것이 중요하다.

　조기유학을 다녀왔다가 한국에서 적응을 하지 못해 다시 외국으로 자녀를 보내는 경우도 종종 있다. 너무 어린 나이에 아이를 외국에서 공부하게 하면 외국아이도 아닌 한국아이도 아닌 어중간한 정체성으로 인해 어려움을 겪을 수 있다는 점을 기억해야 한다.

질문 9.

영어동화를 읽어 주기 전에 알파벳을 가르쳐야 하나요?

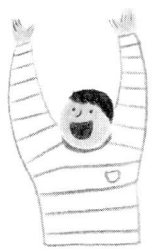

    부모들이 아이에게 영어동화를 읽어 줄 때 영어동화를 더 잘 이해할 수 있도록 하기 위해서 알파벳을 먼저 가르쳐야 하는지에 대해서 고민을 하게 된다. 영어를 한 단어 한 단어 짚어 가면서 읽어 주더라도 영어철자를 모르면 아이가 이해를 잘 못 할까 봐 걱정이 된다.

    이 문제에 대해서는 아이에게 한글동화를 읽어 주었을 때를 생각해 보면 간단히 해답이 나온다. 아이가 아주 어릴 때 부모들은 한글동화를 많이 읽어 주었을 것이다. 한글동화를 많이 읽어 줌으로써 한글을 빨리 알도록 하기 위해서였다.

그때 어린 아이에게 한글 철자를 가르쳤던가를 생각해 보면 그렇지 않았을 것이다. 그냥 글자를 모르는 아이에게 동화를 읽어 주거나, 아니면 그 스토리를 따라가면서 동화의 내용을 이해하는 정도였을 것이다.

영어동화도 마찬가지다. 아이들은 아직 영어를 잘 모르기 때문에 부모가 영어동화를 읽어 주면 아이들은 한 단어 한 단어 보다는 스토리 전개에 귀를 기울이게 된다. 영어동화가 재미가 있으면 아이들은 부모한테 영어철자를 가르쳐 달라든지 요청을 할 것이다. 그 전까지는 그냥 영어동화를 읽어 주면 된다.

한글동화에 많이 노출된 아이들이 나중에 한글을 배우는 속도가 더 빠르다는 것은 당연한 일이다. 영어동화에 많이 노출된 아이들도 당연히 똑같은 결과가 나올 것이다.

아이들은 영어철자를 배우지 않고도 영어동화를 통해서 이미 철자를 서서히 알게 될 것이다. 모든 학습은 일부러 외우려고 하면 고단하고 힘들다. 그렇지만 재미가 있고 흥미가 있으면 저절로 알게 된다.

부모는 항상 영어를 학습이라고 생각하지만 어린 아이들에는 그냥 신기한 언어일 뿐이다. 그 신기함을 재미로 연결하게 되면 아이들은 계속적인 관심을 주게 되지만 부담이 되면 멀리하게 된다.

질문 10.

아이들에게 파닉스가 필요한가요?

　언제부터인가 영어유치원이나 학원에서 내세우는 것 중 하나가 파닉스 (Phonics)수업이다. 파닉스를 아이들에게 꼭 가르쳐야 하는지 부모들은 고민이다.

　파닉스(음성학)는 영어 단어를 어떻게 읽는가에 대한 학문이다. 단어에서 반복되는 형태의 발음을 찾아서 모아서 가르치는 방법이라고 보면 된다. 예를 들면 apple(애플)의 pl(플) 발음이 같은 단어인 couple(커플)을 가르치는 것이다.

　이것이 과연 필요한가를 살펴보아야 한다. 아이들이 파닉스를 공부한다는 것은 단어를 공부한다는 뜻이다. 물론 같은 발음을 묶어서 문장을 만들어서 읽기도 하지만 그렇게 단어를 외우지 않아도 된다.

같은 철자로 된 단어라도 다른 발음이 많다. 예를 들면 take와 talk를 발음할 때 같이 들어있는 ta 발음의 경우 다르다. 즉, 케이스별로 발음이 다를 수 있다는 것이다. 같거나 유사한 철자가 단어 안에 들어 있긴 하지만 단어별로 발음이 달라질 수 있다. 따라서 단어는 한 단어를 기준으로 발음을 기억해야 한다. 꼭 파닉스를 공부하지 않아도 여러 매체를 들으면서 발음은 스스로 알게 된다.

필자가 학부모 강의를 할 때 들은 이야기를 종합하면 파닉스를 하면 아이들이 영어에 쉽게 지칠 수 있다는 것이다. 파닉스는 단어들의 연속적인 공부이어서 아이들에게 단어를 외우라고 한다면 아이들은 부담을 느낄 수밖에 없다.

단어를 외우면 좋긴 하지만 단어에는 스토리가 없기 때문에 지겹고 힘이 든다. 아이들에게 흥미와 동기부여를 할 만한 것들이 없다. 아이에게 많은 단어를 알게 하기 위해서는 영어동화에 나오는 단어들을 그림과 연관하여 이해하고 CD 등을 통해 연습하면 충분하다. 일부러 그 단어를 외우는 것보다 훨씬 아이들이 즐거워한다.

파닉스를 앞세워 아이들을 가르친다고 하는 것은 그들의 영업 전략일 뿐이다. 우리 부모 세대들이 파닉스를 하지 못해 영어를 잘 못 하는가? 그렇지 않다.

더 중요한 것은 단어의 발음보다는 단어의 뜻이다. 필자가 초등학생들을 대상으로 재능기부 수업을 할 때 3학년 아이에게 영어동화 내용에 해석을 써 보라고 했을 때 그 아이는

"저는 이 문장을 읽을 수 있는데요."

라고 했다. 아마 파닉스를 한 모양이었다. 영어 문장을 읽는 것도 완벽하지 않았지만 진짜 문제는 단어의 뜻을 전혀 모른다는 것이다. 단어의 뜻을 모르면 영어 문장을 이해할 수 없다. 단어를 읽는다는 것이 무슨 의미가 있겠는가?

부모들은 파닉스를 하지 않았다고 불안감을 느낄 필요가 없다. 영어는 단어의 힘이다. 단어의 힘이 되려면 영어 단어의 뜻을 먼저 알아야 한다. 영어동화를 통해 스토리가 있으면서 단어를 이해하는 방법이 더 나을 것이다.

질문 11.

영어동화의 문법 수준은 어느 정도인가요?

    부모가 아이에게 영어동화를 읽어 주고 싶은 마음은 어느 부모나 마찬가지일 것이다. 그런데 아이를 위해서 영어동화를 고르려고 영어동화에 쓰인 문장을 보면 당초 읽어 주려고 했던 부모의 마음은 쪼그라든다.

    영어동화에 사용된 영어 문장의 경우 아주 간단할 거라는 부모의 생각과는 달리 영어동화에 나오는 문장의 구성은 생각보다 다양하게 되어 있다.

    부모들은 영어동화의 문장은 주어, 동사, 목적어 정도로 아주 간단하게 구성되어 있으리라 생각하지만 실제적으로 영어동화에서 그렇게 간단하게 구성된 것은 아주 초급을 제외하고는 다양한 영어 문장으로 구성되어 있다. 즉, 영어동화에 나오는 문장은 단순한 문장으로 구성되어 있는 것이 아니라 영어표현에 나올 수 있는 모든 문장을 사용한다.

영어동화를 우리나라 초등학생이 읽는다고 생각해서 우리나라 초등학교에 나오는 단순한 영어 문장만을 담고 있다는 뜻은 아니다. 영어동화에는 우리의 고등학교 교육 과정에 나오는 모든 문법요소를 다 포함하고 있다. 영어동화에는 부정사, 분사, 동명사, 관계사 등 중등학교 과정의 모든 문법요소를 포함하고 있다. 우리가 학교에서 영어문법을 시기별로 구분해서 가르치는 것과는 아주 대조적이다.

영어동화에 이렇게 중등 교육 과정에서 나오는 문법을 쓰는 이유는 무엇일까? 우리의 한글동화를 생각해 보자.

예를 들어 '콩쥐팥쥐'라는 한글동화를 보자. 여기에 나오는 표현은 아주 기초적인 표현만 쓰는가? 그렇지 않다. 우리가 일반적으로 표현하는 말들을 다 포함하고 있다. 다양한 표현법을 사용해야만 글을 전개시킬 수 있기 때문이다. 이런 다양한 내용을 우리 부모가 아이들에게 읽어 주는 것이다.

영어동화도 이야기를 재미있게 전개하기 위해 다양한 표현법을 쓴다. 이야기 내용은 간단하지만 모든 표현법이 등장한다고 보면 된다.

만약 부모가 부정사, 분사, 동명사, 관계사 등으로 된 다양한 표현법을 영어지문이 쓰인 방향으로 해석을 하지 못한다면 영어동화를 아이에게 읽어 줄 수 있을까?

부모도 힘들고 아이도 힘들다.
따라서 영어동화를 아이에게 읽어 주려면 먼저 부모가 영어 문장에 쓰이는 모든 영어표현을 영어가 쓰인 방향으로 이해해야만 영어동화 읽어 주기가 가능해진다.

다시 말하면, 영어동화에 부정사, 분사, 동명사, 관계사 등이 쓰인다는 것은 우리가 생각하는 것처럼 어려운 표현이 아니라는 것이다. 영어동화에 쉽게 쓰인다면 쉬운 표현일 것이다. 단지 우리가 어렵게 생각할 수도 있다는 뜻이다.

따라서 문장을 길게 만드는 부정사, 분사, 동명사, 관계사 등을 쉽게 이해하는 방법만 알게 된다면 우리 부모들이 영어동화를 쉽게 아이들에게 읽어 줄 수 있다는 결론에 이른다.

질문 12.
아이에게 영어동화를 큰 소리로 읽게 해야 하나요?

　부모 세대들이 영어를 배울 때 일반적으로 해 왔던 방법은 영어 문장을 처음부터 끝까지 읽고 다시 처음으로 돌아가서 한글 해석을 하는 것이었다.

　놀랍게도 요즘 아이들에게도 영어를 가르칠 때 그렇게 가르친다. 아이들에게 영어 문장 전체를 먼저 읽고 해석하라고 한다. 물론 아이들이 영어 문장을 읽고 발음을 가르치는 것은 좋지만 그 전에 해야 할 작업이 있다.

　그것은 바로 영어 단어의 뜻이다.

아이들이 영어지문을 읽었다고 가정해 보자. 그런데 영어의 뜻은 모른다고 생각해 보자. 그냥 영어지문을 읽은 것밖에 되지 않는다. 다른 말로 표현하면 영어지문을 이해하지 못한다는 것이다.

영어지문을 아이에게 읽으라고 하면 아이는 영어 단어의 뜻보다는 발음에 치중하게 된다. 발음에 치중하게 되면 영어 단어가 가진 뜻을 생각할 여유가 없다.

아이가 영어동화를 읽을 때 영어를 큰 소리로 읽을 필요는 없다. 그냥 눈으로 읽어 나가도 된다. 대신에 그 단어의 뜻을 정확하게 아는 것이 중요하다. 영어 단어의 뜻을 정확하게 알게 되면 그 단어의 발음을 하는 것은 크게 어렵지 않다.

아이가 영어동화를 읽을 때 영어를 읽지 않고 영어지문의 순서에 따라 바로 한글로 해석을 하도록 가르쳐야 한다. 영어지문 순서대로 바로 한글로 이해를 해야만 지문을 빨리 이해할 수 있다.

어른 세대들이 지금까지 영어지문을 읽고 해석을 한 결과 영어를 문제없이 하고 있는가? 그렇지 않다. 영어 문장을 읽을 수는 있지만 영어 문장의 뜻을 이해하는 데는 애를 먹는다. 영어에 두려움이 없으려면 영어의 뜻을 아는 것이 중요하다. 발음은 그 다음 문제다.

아이들이 영어지문을 영어 문장이 쓰인 방향으로 한글로 정확히 이해한 다음, 그 동화책의 CD를 틀어주면 아이들은 바로 발음을 따라하게 된다. 아이들이 모르는 내용은 듣기를 싫어하지만, 아는 내용은 바로 그 발음들을 따라하게 된다.

질문 13.

영어동화 해석을 말로 하는 것이 나은가요?
해석을 쓰게 하는 것이 나은가요?

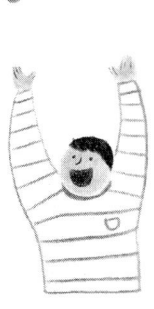

부모들이 학교에 다니는 아이들에게 영어동화를 주고 읽어 보라고 하면 아이들은 영어동화를 쭉 넘기고는

"엄마, 다 읽었어요."
라고 할 때 고민이 되는 부분이 하나 있다.

"과연 우리 아이가 영어동화를 다 이해는 하고 있을까?"

여기에 대한 답은 아이들은 영어동화를 눈으로 해석하게 하면 영어동화를 대충 이해를 한다는 것이다. 영어동화에는 그림이 많기 때문에 영어 문장이 대충 이해가 되지 않을 때 그림을 보고 그 내용을 이해하게 된다. 따라서 아이가 영어동화의 문장을 정확하게 이해하는지는 알 수가 없으며 대체적으로 아이들이 영어동화를 정확하게 이해한다는 것은 어렵다.

아이가 영어동화를 읽을 때 첫 번째 문제는 단어의 뜻을 정확하게 이해하지 못하기 때문에 영어동화를 정확하게 이해하는 것은 어렵다. 그래서 아이들은 영어동화를 읽을 때 그림을 보고 대충 상황을 이해하게 되는 것이다.

아이들은 영어동화의 이야기 전개가 재미있어서 영어동화를 좋아한다기보다는 그림이 주는 즐거움이 있기 때문에 영어동화를 좋아할 수도 있다. 조금 더 비교를 하자면, 영어책에 그림이 없는 스토리 전개, 즉, Chapter Book을 아이들에게 주면 아이들은 영어를 어렵게 대한다. 왜 그럴까? 그림이 없으면 스토리의 추측이 어렵기 때문에 글자만으로 영어 스토리 전개를 할 수 없기 때문이다.

따라서 우리 부모들이 아이들에게 영어동화를 가르칠 때 중요한 것은 영어동화에 나오는 지문을 정확하게 순서대로 해석을 할 수 있어야 한다는 것이다. 영어동화의 목적은 아이들에게 문장의 전개 방식을 통해, 단어와 표현법을 가르치기 위함이다. 이러한 훈련이 어느 정도 되면 다음 단계인 챕터 북으로 넘어가게 된다. 문장 해석 능력을 갖추어야만 아이들이 다음 단계에 올라가서도 영어를 읽고 이해할 수 있는 능력을 갖추게 된다.

필자는 이런 면에서 아이들에게 영어동화를 읽어 주지 않고 영어동화에 나오는 영어지문 아래에 한글로 해석을 달도록 했다. 방법은 영어와 한글을 1:1로 최대한 대응해서 해석을 달도록 했다.

Even the cats and dogs
심지어   고양이와   강아지는
ran away to hide!
달려가서   숨었다.

영어와 한글을 1:1 대응으로 해석한 사례4

아이들에게 영어동화를 읽어 주게 되면 아이들의 주위가 너무 산만해서 제대로 영어동화의 내용이 전달되지 않는다. 필자도 수업 시간 중에 영어동화를 읽어서 내용을 전달하려고 했지만 아이들의 주위를 집중시키기에 아주 어려움을 겪었다.

그러나 영어동화 해석 달기는 정말 큰 효과가 있었다. 효과는 다음과 같다.

---

4   출처 Big Bad Blob, Franklin Watts 출판사

◎ 아이들이 영어동화의 내용에 집중한다.

영어 문장 밑에 직접 아이들이 바로 해석을 한글로 쓰게 되면 아이들이 영어동화에 집중하게 된다.

◎ 아이들이 한 단어 한 단어에 집중한다.

영어 문장에 나오는 한 단어, 한 단어를 정확히 해석해서 쓰기 위해 집중한다. 모르는 단어가 나오면 꼭 찾아서 해석을 달고 넘어간다.

◎ 영어 문장이 쓰인 순서대로 해석한다.

영어를 읽지 않으므로 뒤에서 거꾸로 해석하지 않고 영어 문장 진행 방향으로 해석을 달아야 하므로 영어 문장 순서대로 해석한다.

◎ 문법을 사용하지 않아도 된다.

영어 문장 순서대로 해석을 붙임으로써 복잡한 문법 적용이 아닌 문장의 스토리 전개에 집중한다.

필자는 아이들에게 영어동화를 공부시킬 때 영어동화 해석 달기 방법을 추천한다. 물론 우리 부모들이 배운 방법이 아닌 영어 문장이 쓰인 순서대로 해석을 달 수 있는 새로운 방법이 필요하다. 그 방법은 다음 장에서 자세하게 소개하기로 하자.

질문 14.

영어동화를 읽어 주기 전에 무엇을 준비해야 하나요?

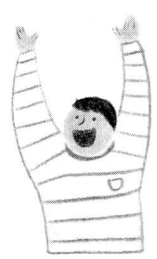

　영어동화를 아이에게 쉽게 읽어 주기 위해 가장 중요한 것은 영어동화에 나오는 영어 문장 순서대로 해석을 해 주어야 한다는 것이다. 만약 아이에게 영어동화 해석을 쓰게 할 경우라면 영어 문장 순서대로 해석을 붙이도록 해야 한다.

　부모가 영어동화를 아이에게 읽어 주려고 한다면 영어동화를 펼쳐서 무작정 아이에게 읽어 주어서는 성공할 수 없다. 사전 준비가 필요하다. 한글동화는 부모가 한글을 완벽하게 알기 때문에 별도로 준비를 하지 않아도 그냥 한글동화를 가져와서 읽어 주면 되지만 영어동화는 부모가 영어에 대해 확신이 서지 않은 상태에서는 바로 시작을 할 수가 없다. 영어동화를 읽어 주기 전에 준비해야 할 사항을 살펴보자.

◎ **단어를 찾아서 완전히 이해해야 한다.**

동화를 아이에게 완벽하게 읽어 주기 위해서는 영어동화에 나오는 단어를 분명히 알아야 한다. 그래서 영어동화에 나오는 모르는 단어를 찾아서 그 뜻을 정확하게 이해하여야 한다. 단어를 정확하게 이해하면 아이에게 영어동화의 스토리를 정확하게 전달할 수 있다.

모르는 단어를 찾아서 이해를 해야 하기 때문에 부모가 영어동화를 고를 때 먼저 고려해야 할 사항은 영어동화에 나오는 단어의 80% 정도 이상은 아는 동화책이어야 한다. 영어동화에 너무 많은 모르는 단어가 있으면 부모가 단어를 찾다가 지쳐버리게 된다.

영어동화명 : **The Frog Emperor**

• 단어

couple 부부	called 이름은	frog 개구리	war 전쟁
broke out 발생했다	emperor 황제	win 이기다	palace 궁전
notice 안내	gate 문	nearly 거의	wall 벽
afraid 두려운	laughed 웃었다	coal 석탄	explained 설명했다
rush 몰려오다	beat 물리치다	agree 동의하다	plan 계획
ate 먹었다	plate 접시	soldier 군인	enemies 적들
spat 뱉었다	marry 결혼하다	declared 선언했다	hopped 뛰었다
caught 잡았다.	princess 공주	skim 껍질	wear 입다
ordered 명령했다	put on 입다	stayed 머물렀다	forever 영원히

영어동화를 읽어 주기 전에 찾은 단어들 예

만약 아이에게 영어동화에 해석을 달게 할 경우에는 부모는 아이가 모르는 단어를 정리해서 아이에게 제시해 주어야 한다. 이때 동사를 적을 때 동사원형이 아닐 경우 변형된 동사 형태를 적어 주어야 한다. 예를 들면 문장에 'flew'라는 단어가 있을 때 이 단어를 'fly(날다)'가 아닌 'flew(날았다)'로 적어서 아이에게 알려주어야 한다.

영어동화를 읽는 목적은 영어동화가 쓰인 방향으로 해석을 해서 동화의 스토리를 이해하는 것을 목적으로 해야 하는데, 만약 동사의 변형 등 문법적인 요소로 중심이 옮겨갈 경우에는 아이가 알아야 할 것들이 너무 많기 때문에 힘들어할 가능성이 크다. 따라서 영어 문장에 나온 그대로

의 내용만을 아이에게 알려 주는 것이 좋다.

◎ **영어동화에 나오는 내용을 먼저 철저히 이해해야 한다.**

영어동화에 나오는 단어를 찾았다면 이제 영어동화 내용을 완전히 숙지해야 한다. 교사가 학생들에게 수업을 하기 위해서는 가르칠 내용을 완전히 이해하는 것과 같이 아이들에게 영어동화를 읽어 줄 때도 마찬가지이다.

만약 부모가 읽어 주는 중간에 내용을 잘 모른다거나 더듬거리게 되어 당황하게 되면 아이들은 부모의 수업에 신뢰를 하지 않게 된다. 학생들이 학교에서 수업을 하다가 선생님이 잘 모르거나 준비가 잘 되어 있지 않은 경우에는 아이들이 선생님에 대한 신뢰가 낮아지는 이유이기도 하다.

◎ **영어 문장 발음을 CD를 듣고 흉내를 내어야 한다.**

요즘 아이들은 어릴 때부터 영어에 대한 노출이 많이 되어 있기 때문에 영어발음이 좋은 편이다. 우리 아이에게 영어동화를 읽어 줄 때 아주 원어민 같이 읽어 줄 수는 없지만 부모가 최대한 좋은 영어발음을 할 수 있도록 노력해야 한다.

대부분의 영어동화에는 CD가 같이 제공된다. 영어동화의 내용을 완전히 이해한 다음 CD를 몇 번 들은 후 영어발음을 직접 해 보면서 아이들에게 읽어 주는 연습을 해야 한다. 영어동화에 CD가 없으면 스마트폰이나, 컴퓨터로 영어 단어를 검색해서 그 발음을 익힐 수 있다.

이제 단어와 문장이 파악이 되었다면 영어 문장이 쓰인 방향으로 읽는 방법을 알아보자. 이 방법은 부모가 알고 있는 기존의 해석 방법과는 다른 관점으로 접근하기 때문에 조금 불편할 수도 있겠지만 영어 문장이 쓰인 방향으로 해석을 하기 때문에 아이들에게는 아주 편하다는 것이다.

Let's have
a picnic!

Sid and Dan ran
and ran

"Now, children"

제 2 장

영어동화를 정말
쉽게 읽어 주는 방법

Don't worry,
Gretel!

the mean
stepmother said

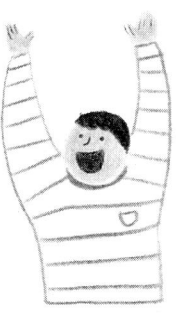

I have a plan.

　아이들에게 영어동화를 읽어 줄 때 영어 문장이 쓰인 순서대로 해석을 해 주면 아이들은 영어동화를 아주 쉽고 재미있다고 생각할 것이다. 영어동화에 나오는 단어를 한 단어씩 손으로 짚어 가면서 한글로 해석을 해 주면 아이들은 쉽게 받아들일 수 있다.

　영어동화를 한 단어씩 짚어 가면서 읽어 주려고 하면 영어 문장이 쓰인 방향으로 해석을 해야만 한다. 영어가 왼쪽에서 오른쪽으로 쓰인 언어임에도 지금까지 그렇게 해석하기는 쉽지가 않았을 것이다.

　영어 문장이 쓰인 방향인 왼쪽에서 오른쪽으로 해석을 하기 위해서는 먼저 영어가 어떻게 왼쪽에서 오른쪽으로 쓰여 있는가를 이해해야 한다.

　영어가 왼쪽에서 오른쪽으로 진행하는 언어라는 것은 어떤 의미일까? 이해를 돕기 위하여 영어동화에 나오는 문장을 가지고 설명을 해 보자.

**Sid and Dan
ran and ran...**

이 문장은 Franklin Watts 출판사의 'Tag!'라는 동화에 나오는 내용으로 Sid와 Dan이라는 돼지가 도망을 치는 장면을 나타낸다. 이 장에 나오는 영어 문장은 끝이 나지 않고 계속 진행되고 있는 문장이라는 것을 잘 알 수 있다.

그럼 이 문장만을 가지고 어떻게 해석을 할까? 일반적으로 해석하는 방법은 다음과 같다.

> Sid and Dan ran and ran...
> 시드와 댄이 달리고 달렸다...

위의 해석에서 문제가 되는 것은 바로 영어 문장은 끝이 나지 않았지만 한글 해석은 끝을 맺었다는 것이다. 그리고 아직 이 문장에서는 두 마리의 돼지가 달려간 곳이 나와 있지 않고 다음 장으로 이어지기 때문에 한글 해석을 끝내면 뒤에 나오는 말을 잇기가 어렵다.

이해를 위해서 이어지는 다음 문장을 보자.

... to Mick's house.

이 장에서 앞 장에서 계속된 말이 끝이 난다. 이 문장만을 가지고 해석을 하면 어떻게 될까?

> ... to Mick's house.
> ... 믹스의 집으로.

앞의 두 장을 합쳐서 보자.

> Sid and Dan ran and ran...
> ...to Mick's house.
> 시드와 댄이 달리고 달렸다...
> ...믹스의 집으로.

이 문장의 해석을 분석해 보자. 일단 문제점은 첫 번째 장의 영어 문장이 끊어지지 않았는데 한글 해석은 문장을 끊었다는 것이다. 따라서 전체 한글 해석이 영어 문장 순서와는 맞지 않다.

이 문장을 다음과 같이 영어 문장이 진행하는 순서대로 끊어지지 않게 해석을 해 보자.

(1페이지) Sid and Dan ran and **ran**... (2페이지) **...to** Mick's house.	(1페이지) 시드와 댄이 달리고 **달려서**... (2페이지) **...간 곳은** 미크의 집이었다.

한글 해석이 영어 문장 순서와 같이 중간에 끊어지지 않고 진행이 되는 것을 볼 수 있다. 'ran...'의 표현을 '달려서'로 했고 'to'를 '간 곳은'으로 해석을 했다.

이와 같이 영어동화에 나오는 글이 같은 장에서 끝이 나지 않고 다음 장으로 이어질 때 기존 방법으로 해석을 하면 연결을 하기가 쉽지 않다.

다른 예를 더 보자. 이번에는 조금 긴 문장을 보자.

Sid the Pig was cooking when...

위의 문장은 앞에서 소개한 'Tag!'에서 나오는 문장으로 기존 방법대로 영어 문장을 해석하기는 쉽지 않다. 기존 방법대로 해석을 해 보자.

> Sid the Pig was
> **cooking when...**
> 시드 돼지는
> 요리를 하고 **있었다...**

한글 해석을 살펴보면 두 군데 문제가 있어 보인다. 첫 번째는 'cooking'으로 영어 문장에서는 끝이 나고 있지 않는 문장을 한글 해석으로 끝을 내어서 '있었다.'로 처리하고 있다.

두 번째 해석은 문제가 더욱 심각해 보인다. 영어 문장에서 'when...' 이라고 되어 있지만 한글 해석에서는 뒤에 나오는 문장을 알 수 없기 때문에 해석을 할 수가 없다.

기존의 해석 방식에서 문제가 되는 것 중에 하나는 영어 문장을 해석할 때는 뒤에 오는 말을 먼저 해석해야 한다는 점이다. 그런데 위에서 본 문장은 뒤의 말이 나와 있지 않기 때문에 해석이 이상하게 되고 있음을 알 수 있다.

그럼 과연 영어동화 작가가 글을 쓸 때 우리가 해석을 위와 같이 하도록 글을 적었을까? 다음 해석을 보면 그렇지 않다는 것을 알 수 있다.

Sid the Pig was
cooking when...
시드 돼지가
요리를 하고 **있었으며 그때...**

위의 해석을 보면 영어 문장의 진행순서대로 한글 해석이 매끄럽게 되고 있다는 것을 볼 수 있다. 특히 'when...'의 경우 '그때...'로 해석을 해서 다음 문장을 보지 않아도 해석이 가능하다는 것을 볼 수 있다.

다음 장에 나오는 내용은 어떤 내용이 나올지는 모르지만 기존의 방식으로 해석을 하게 되면 뒤에 나오는 내용이 반드시 필요하지만 두 번째 해석방식으로는 뒤의 내용이 없더라도 해석이 가능하다는 것을 볼 수 있다.

다음 장에 나오는 내용을 보자.

... Wolf came to the door.

이 문장을 해석해 보면 다음과 같다. 먼저 기존 해석을 보자.

> ... Wolf came to
> the door.
> ... 늑대가
> 문으로 왔다.

얼핏 보면 영어 문장 순서와 한글 해석 순서가 같아 보이지만 그렇지 않다. 영어 문장에서는 동사가 먼저 오지만 한글 해석은 동사가 맨 마지막에 위치하고 있는 것을 볼 수 있다.

영어 문장 순서대로 해석을 진행해 보자.

> ... Wolf came to
> the door.
> ... 늑대가 온 쪽은
> 문이었다.

영어 문장 순서대로 한글이 진행되었다. 영어 문장 순서대로 해석하는 방법은 다음 장에서 자세히 설명하도록 하고 여기에서는 두 장에 걸쳐 있는 내용을 정리해서 보자.

(기존 해석)

(1페이지)	(1페이지)
Sid the Pig was **cooking when**...	시드 돼지가 요리를 하고 <u>있었다</u>...
(2페이지)	(2페이지)
... Wolf **came** to the door.	...늑대가 문으로 <u>왔을 때.</u>

(새로운 해석)

(1페이지)	(1페이지)
Sid the Pig was **cooking when**...	시드 돼지가 요리를 하고 <u>있었으며 그때</u>...
(2페이지)	(2페이지)
... Wolf **came to** the door.	...늑대가 <u>온 쪽은</u> 문이었다.

두 해석방식을 비교해 보면 기존 해석방식에 비해 새로운 해석방식은 페이지가 넘어가도 해석이 영어 문장 순서대로 진행되는 것을 볼 수 있다.

이제부터 영어동화에 나오는 영어 문장 순서대로 해석하는 방법을 구체적으로 알아보자.

방법 1.

주어는 어떻게 해석하나요?

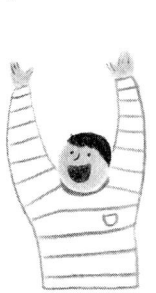

　영어동화책 첫 장에서 가장 먼저 나오는 말은 '주어'다. 주어는 우리말과 영어에 공통적으로 맨 처음 나오는 말이라는 점에서는 공통점이 있다. 그러나 공통점이 있음에도 불구하고 우리가 지금까지 해석해 온 방법은 영어 문장을 거꾸로 해석하게 만드는 큰 오류를 범하고 있다.

　우리가 지금까지 받은 영어 교육 중에 가장 먼저 고쳐야 할 부분은 주어 해석이고 부모들이 아이들에게 영어동화를 읽어 줄 때 가장 먼저 주의해야 할 부분이기도 하다.

　필자가 아이들하고 수업을 할 때 바로 이러한 문제점이 노출되었다.

수업 시간에 다음 주어에 대해 아이들에게 해석을 해 보라고 했다.

```
I
He
They
```

우리 아이들의 답은 당연히 학교에서 또는 학원에서 배운 대로 말했다.

```
I  -> 나는(X)
He -> 그는(X)
They -> 그들은(X)
```

우리 아이들은 주어를 해석할 때 전부 다 '~는(은)'으로 해석한다. 이 대로 해석을 하면 따라오는 동사는 말을 끊거나 아님 뒤에서부터 거꾸로 해석하게 된다. 이 주어에 다음 영어를 붙여 보자.

```
I went to the school.
나는 학교로 갔다.(방법1)
나는 갔다. 학교로.(방법2)
```

위의 두 가지 방법은 현재 학교나 학원에서 가장 많이 사용하는 방법이다. 방법 1은 영어 문장이 진행되는 방향으로 해석이 되는 경우이고, 방법 2는 한글 해석이 한글처럼 표기가 되지 않아 두 가지 방법이 다 문제가 있어 보인다.

방법 1과 방법 2로 해석되는 원인은 바로 주어를 '~는(은)'으로 해석했기 때문이다. 영어 문장 순서대로 해석을 할 수 있는 주어의 해석 방법은 다음과 같다.

I -〉 내가(o)
He -〉 그가(o)
They -〉 그들이(o)

주어를 '~가(이)'로 해석하면 영어 문장 순서대로 해석이 가능하다. 위의 문장을 해석하면 다음과 같이 된다.

I went to the school.
내**가** 갔던 곳은 학교다.

다음 문장은 필자의 수업 시간에 했던 영어동화책에 나온 주어를 아이들이 적은 것이다.

Twelve little monsters

이 문장은 미국의 아동용 학습교재로 유명한 Scholastic사의 'Monster's Math'에 나오는 문장이다. 이 책의 내용은 12마리의 괴물이 하는 행동을 묘사한 책으로 한 마리씩 사라지면서 그 행동을 표현한다. 두 번째 장에는 11마리의 괴물이, 그 다음 장에는 10마리의 괴물이 행동을 한다. 이 책의 목적은 아이들에게 숫자의 개념과 행동의 동사를 이해시키기 위한 책이다.

해석의 방법으로 들어가 보자. 이 문장에서 주어는 Twelve little monsters이다.

아이들한테 처음에 이 문장을 한글로 표기를 하라고 했을 때 아이들은 당연히

Twelve little monsters
12마리의 작은 괴물들은(x)

으로 표기했다. 이 주어만을 해석했을 때는 별문제가 없어 보이나 뒤에 이어지는 말들이 나오면 문제는 생각보다 심각해진다.

주어를 다음과 같이 해석해야 다음에 나오는 동사를 문제없이 이어갈 수 있다.

Twelve little monsters
12마리의 작은 괴물들<u>이</u>(o)

Twelve little monsters wake up

주어 다음에 동사가 나왔다. 주어와 동사가 나왔을 때 해석을 해 보면 주어에 붙는 조사에 따라 해석에 차이가 나는 것을 볼 수 있다.

> Twelve little monsters **wake up**
> 12마리의 작은 괴물들은 **일어났다**(x)

먼저 주어를 '~은'으로 해석했을 때는 동사에서 한글 해석이 '~다'로 끝나는 것을 볼 수 있다. 영어 문장이 진행되고 있지만 한글 해석은 마침표가 들어간다는 뜻이다.

그러나 주어를 '~이'로 해석하게 되면 동사의 한글 해석은 영어 문장이 진행되는 것과 같이 끝이 나지 않게 해석을 할 수 있다.

> Twelve little monsters **wake up**
> 12마리의 작은 괴물들이 **일어난 것은**(o)

영어 문장의 진행과 한글 해석이 같이 진행되는 것을 볼 수 있다. 다음으로 이 문장의 마지막 단어를 추가해서 보자.

**Twelve little monsters
wake up at seven.**

이제 완성된 문장이 나왔다. 이 문장을 주어를 '~은'으로 해석했을 때 어떻게 되는지 보자.

> Twelve little monsters wake up **at six.**
> 12마리의 작은 괴물들은 일어난다. **6시에.**(x)

얼핏 보면 괜찮은 해석 같다. 그러나 문제점은 영어의 문장이 끝이 나지 않았는데 한글을 중간에 끊어서 해석했다는 것이다. 우리가 일반적으로 한글을 쓸 때 문장 중간을 끊어서 해석하지는 않는다.

다음으로 주어를 '~이'로 해석한 경우를 보자.

Twelve little monsters wake up at six.	12마리의 작은 괴물들<u>이</u> 일어나는 것은 **6시다.**

영어 문장의 진행 방향으로 한글 해석이 끊어지지 않고 표현되어 있다. 영어동화에 나오는 문장을 순서대로 이해를 하기 위해서는 한글을 영어 문장에 맞춰 해석을 하는 것이 중요하다. 이 방식으로 하면 영어를 한 단어, 한 단어 한글로 이해를 하게 되어 영어를 읽을 때 아주 명쾌하게 읽을 수가 있다.

영어동화를 아이에게 읽어 줄 때 꼭 기억해야 하는 것은 주어를 반드시 '~이(가)'로 해석해야 한다는 것이다.

◎ 대명사는 반드시 지칭하는 것을 반복해야 하나요?
영어의 특징 중의 하나가 대명사이다. 대명사는 명사를 대신하는 말로 우리말에는 '이것, 저것, 그들, 그이' 등으로 표기되지만 그렇게 많이 사용하지는 않는다. 그러나 영어는 다르다.

일단 어떤 대상을 주어로 사용해서 지칭을 하고 나면 그 다음에는 반드시 대명사로 그 주어를 받는다. 영어에서 대명사는 주어에만 사용되는 것은 아니다. 대명사는 목적어로도 많이 사용을 한다. 따라서 대명사가 주어, 목적어 등으로 사용되면 너무 많은 대명사가 문장 속에 나오게 된다.

영어 문장 속에 나오는 대명사를 우리가 사용하는 '이것, 저것' 등으로 해석을 하게 되면 나중에는 그 대명사가 어떤 것을 지칭하는지를 알 수가 없다. 대명사가 지칭하는 것을 정확하게 이해하지 못하게 되면 영어동화나 영어소설을 읽을 때 스토리를 이어 가지 못한다. 이 사람이 저 사람이 되는 등 혼동이 오게 된다. 따라서 대명사가 나오면 그 대명사가 지칭하는 것을 다시 한 번 지칭하여야 한다.

이런 차이점 때문에 대학능력수학시험에서는 매년 대명사 지칭 문제가 꼭 나온다. 주어진 지문 속에 대명사에 밑줄을 긋고 그 대명사가 지칭하는 것 중에 틀린 것을 묻는 방식이다.

> 29. 밑줄 친 부분이 가리키는 대상이 나머지 넷과 다른 것은?
> Nancy was struggling to see the positive when ① her teen daughter was experiencing a negative perspective on her life and abilities. In her desire to parent intentionally, ② she went into her daughter' room and noted one positive accomplishment she had observed. "I know you'e been having a hard time lately, and you aren't feeling really good or positive about your life. But you did a great job cleaning up your room today, and ③ I know that must have been a big effort for you." The next day, to Nancy' surprise, the teen girl seemed somewhat cheerful. In passing, ④ she said, "Mom, thanks for saying the positive thing about me yesterday. I was feeling so down and couldn't think of anything good about myself. After ⑤ you said that positive thing, it helped me see one good quality in myself, and I'e been holding onto those words."

발췌 : 교육과정평가원 2015학년도 수능문제

위의 지문은 교육과정평가원의 2015학년도 수능문제로 대명사 중 가리키는 대상이 다른 것을 묻고 있다. 만약 이 문제를 읽으면서 그냥 '그녀를', '그녀가' 식으로 하면 엄마와 딸이 같은 여성이기 때문에 대상이 혼동될 수 있다. 따라서 해석을 할 때는 '엄마를', '낸시가' 형태로 정확하게 지칭을 해서 해석을 해야 한다. 지칭을 정확히 해야만 스토리를 읽어

나갈 때 헷갈리지 않는다.

　영어동화에서도 마찬가지다. 처음에는 주어를 정확히 기술해 주겠지만 다음에는 그 주어를 대명사로 쓰기 때문에 대명사를 반드시 지칭하는 것으로 해석을 해야만 동화 스토리 전개가 명쾌하게 전개된다. 영어동화에서 대명사가 어떻게 작용하는지 보자.

**<u>Little Troll</u> lived
under the bridge.**

이 문장은 Franklin Watts의 영어동화 'Little Troll'에 나오는 내용이다. 이 동화는 Little Troll(작은 괴물)이 위험에 빠진 세 마리의 염소를 구하는 내용으로 이 문장에서 주어는 Little Troll이 주어가 된다.

다음 장에서 Little Troll을 어떻게 나타내었는지 보자.

He played with his little friends.

두 번째 장에서는 Little Troll을 'He'라고 대명사로 표시하였다. 아마 Little Troll을 남성으로 생각해서 He라고 표시한 것 같다. 이 문장을 해석할 때는 그렇게 어려움이 없다.

He played with his friends.	그가 같이 놀았던 것은 그의 친구들이었다.

아마 대부분의 부모나 아이들은 'He'를 '그가'로 해석을 하였을 것이다. 해석은 틀리지 않았다. 그러나 스토리 전개를 시키기에는 조금 부족하다.

이 장면 이후에 다른 동물들이 등장을 할 때 그 동물이 수컷이라면 또 he라는 대명사를 쓸 것이다. 그 문장에 Little Troll이 같이 들어 있다면 같은 he가 두 번 나올 수 있다. 두 번 나오는 he를 두 번 모두 '그가'로 해석한다면 어떤 것을 지칭하는지 혼동이 될 수가 있다.

따라서 이럴 경우 대명사를 정확히 지칭해서 해석을 해 주어야 한다. 위에서 해석한 문장을 보완해 보자.

He played with his friends.	작은 괴물이 같이 놀았던 것은 그의 친구들이었다.

He가 지칭하는 Little Troll을 해석할 때 '작은 괴물'이라고 정확하게 표현을 했다. 이렇게 정확하게 대명사를 지칭하면 스토리 전개가 아주 분명하고 명쾌해진다.

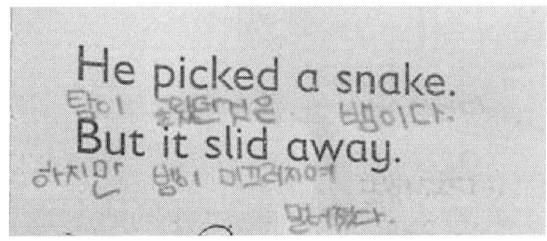

대명사 **He, it**을 앞에 지칭하는 말로 해석한 예

위의 그림은 아이가 영어동화에 해석을 달면서 앞에 나온 He를 '그 사람'이라고 하지 않고 앞에 나왔던 '탐이'라고 해석하였고, 두 번째 문장에 나오는 it을 '그것이'라고 하지 않고 '뱀이'라고 대명사가 지칭하는 말을 정확하게 표시함으로써 스토리를 정확하고 명쾌하게 이해할 수 있도록 도와주는 것을 알 수 있다.

방법 2.

동사는 어떻게 해석하나요?

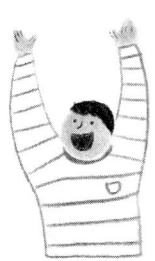

영어동화에서 주어 다음으로 나오는 말은 동사이다. 동사는 영어 문장에서 가장 중요한 역할을 한다. 주어의 행동을 나타내기 때문이다. 주어가 없어도 문장은 되지만 동사가 없을 경우는 완전한 문장이 되지 못한다.

예를 들면

"We"

라고 주어만 쓰면 영어 문장이 되지 않는다.

그러나

"Go."

라고 동사만 쓰면 하나의 문장이 된다.

영어 문장에서 동사의 해석 방법은

'~하는 것은'

으로 하면 된다. 여러 가지 동사의 예를 들어 보자.

go - 간 것은
come - 온 것은
arrive - 도착한 것은
drink - 마신 것은
jump - 점프한 것은
meet - 만난 것은
walk - 걸어간 것은
dance - 춤을 춘 것은
climb - 올라간 것은
cook - 요리한 것은

이런 기본형에서 뒤에 나오는 말에 따라 다음과 같이 적절히 바꾸면 된다.

~**것**은 -〉 ~**곳**은, ~**시간**은, ~**사람**은, ~**음식**은

위의 동사에 다음 말을 추가해 보면 다음과 같다.

go to school - 간 **곳은** 학교다
come at ten - 온 **시간은** 10시다
arrive in Seoul - 도착한 **장소는** 서울이다
drink coke - 마신 **것은** 콜라다
jump over a chair - 점프해서 넘어간 **물건은** 의자다
meet my teacher - 만난 **사람은** 나의 선생님이다
walk toward the park - 걸어간 **방향은** 공원 쪽이다
dance with her - 춤을 같이 춘 **사람은** 그녀다
climb up the mountain - 올라간 **곳은** 산이다
cook spaghetti - 요리한 **음식은** 스파게티다

Monster's Math 영어동화에 나오는 문장을 다시 보자.

"Twelve little monsters **wake up** at seven."

여기서 동사 해석은

---
wake up

일어나는 **것은**

으로 되지만, 뒤의 말을 연결해 보면 다음과 같다.

---
wake up at seven.

일어나는 시간은 7시다.

따라서 전체 문장 해석은

"Twelve little monsters **wake up** at seven."

"열두 마리 작은 괴물이 **일어나는 시간은** 7시다."

영어 문장에 나오는 한 단어 한 단어를 한글로 해석하면서 영어 문장이 쓰인 순서대로 해석이 되었다.

방법 3.

동사의 역할은 무엇인가요?

   동사는 영어 문장에서 두 번째에 위치하면서 주어의 동작을 나타내는 역할을 하고 있지만 그 역할을 좀 더 자세히 이해를 할 필요가 있다. 동사는 단순히 행동을 나타내는 것 이상의 의미를 가지고 있고 영어동화에서도 상황을 표현하기 위하여 다양한 동사의 형태를 통해 동화의 맛을 나타내는 중요한 역할을 한다.

   앞에서 설명한 동사는 기본형을 기준으로 설명을 하였지만 동사가 나타내는 것은 시제, 긍정과 부정, 현실과 가정, 능동과 수동 등 4가지를 표현한다.

◎ 시제를 표현

동사는 주어의 움직임을 표현하는 말이므로 시점에 따라 표현을 달리 해야 하며 동사의 시점 표현은 현재, 과거, 미래, 완료 등 4가지 형태로 표현된다.

시제	예문 (해석)
현재	I **go** to school. 내가 **가는** 곳은 학교다.
과거	I **went** to school. 내가 **갔던** 곳은 학교다.
미래	I **will go** to school. 내가 **앞으로 갈** 곳은 학교다
완료	I **have gone** to school. 내가 **이전에 갔었던** 곳은 학교다.

시제에 따른 한글 해석은 현재, 과거, 미래, 완료의 표현에 맞는 한글 표현을 적용하면 영어 문장이 쓰인 방향으로 해석을 할 수 있다.

▶ 과거시제

영어동화에 나오는 과거시제 표현의 예를 보자.

He climbed up the hill.

이 문장은 Franklin Watts 출판사에서 발간한 Pirate Pete에 나오는 내용으로 해적 Pete가 보물을 찾기 위해 언덕을 올라가는 장면이다.

이 문장에서 동사는 과거를 쓰고 있다. 해석을 해 보자.

He **climbed** up the hill.	그가 **올라갔던** 곳은 언덕이었다.

과거 동사를 과거형으로 해석을 했다. 과거는 과거의 한 시점을 표시하기 때문에 우리가 알고 있는 과거형으로 해석을 하면 된다.

▶ 미래시제

다음으로 미래형을 보자.

I <u>will help</u> you escape.

이 문장은 Franklin Watts 출판사의 Fly Frog시리즈 중 Baba Yaga 책에 나오는 표현이다. Baba Yaga는 마녀로서, 길을 잃은 한 소녀가 우연히 마녀의 집에 들어가게 되면서 일어나는 일에 대한 스토리다. 그 소녀가 곤경에 빠졌을 때 같이 있던 동물들이 도와주는 장면이다.

해석을 해 보자.

I **will help** you escape.	내가 <u>앞으로 도와줘서</u> 너를 도망가게 해 줄게.

앞으로 도와줘서 도망을 가게 하도록 한다는 미래의 내용을 표현한 것으로 해석되었다. 여기서 미래를 나타내는 조동사 'will'의 뜻은 '미래에, 향후에'의 뜻을 담고 있다. 그래서 영어를 아이에게 읽어 줄 때 'will'을 한 단어로 읽어 주고 '앞으로'라고 해석을 해 주면 더 깨끗한 해석이 될 수 있다.

미래시제 중에 영어동화에서 자주 나오는 것이 'be going to'이다. 미래시제는 일반적으로 will을 사용하기도 하지만 be going to도 영어동화에 자주 사용한다. 뜻의 차이는 무엇일까? will은 먼 미래이고 be going to는 가까운 미래를 뜻한다. 영어동화에서 이 차이점을 보자.

이 문장은 Franklin Watts의 'Big Bad Blob'에 나오는 문장으로 껌딱지(Blob)가 껌을 버린 아이를 쫓아가는 장면이다.

아이들에게 이 문장의 해석을 적어 보라고 하면 아이들은 다음과 같이 적는다.

I **am going to** get you!

내가 잡을 것은 너야!

"I'm Big Bad Blob and I'm going to get you!" it roared.
난 큰 나쁜 껌딱지야 내가 잡을 것은 너야 껌딱가 으르렁거렸다

is going to를 해석하지 않고 넘어간 예

해석을 할 때 is going to의 칸은 비워 두고 동사에 미래의미를 붙여서 해석을 한다. 세 단어를 건너뛰어서 해석을 한 것이다. 이렇게 해석을 하게 되면 is going to을 will의 의미와 같이 해석을 하게 되어 그 의미를 정확히 살릴 수가 없다. 의미를 정확히 살려 해석을 해 보면 다음과 같다.

> I **am going to** get you!
>
> 내가 곧 잡을 것은 너야!

그러면 이 문장을 will을 사용해서 해석하면 어떻게 될까?

> I **will** get you!
>
> 내가 **앞으로** 잡을 것은 너야!

미래를 표시할 때 will은 어느 정도 먼 미래를 나타내고 is going to는 가까운 미래를 나타낸다는 것을 알 수 있다. 따라서 is going to가 나올 때는 동사에 미래를 붙여서 해석을 하지 말고 가까운 미래를 나타내는 '곧'을 사용하면 훨씬 그 의미를 살릴 수 있다.

▶ 완료시제

영어동화에서 완료형이 나오는 경우를 보자.

Coyote had been watching.

이 문장은 Franklin Watts출판사의 Bluebird and Coyote에 나오는 내용으로 색깔이 하얀 새인 Coyote가 푸른 새가 되고 싶은 마음을 담아 파란 호수에 가서 푸른 새가 되기 위한 모험을 그린 이야기이다. 영어동화에서도 완료형이 쓰일 수 있다는 내용을 보여 주고 있다.

해석을 하기 전에 완료형에 대해서 생각을 해 봐야 할 것이 있다. 완료형은 우리말에는 잘 사용하지 않는 표현법이다. 우리말은 과거와 현재완료가 거의 같은 개념으로 쓰고 있기 때문에 정확하게 해석하기가 쉽지 않다.

그렇지만 영어의 완료형에는 have라는 단어가 들어가 있기 때문에 아이들은 단순히 'have=가지다'의 뜻으로 이해할 수 있다는 뜻이다. 실제로 수업에서 아이들은 have 조동사가 들어간 문장을 다음과 같이 해석한 적이 있다.

I **had** eaten up the bread.
내가 **가진 것은** 먹은 것은 빵이었다.(X)

아이들은 had를 '가지다'의 의미로만 해석을 한다. 따라서 have가 있는 완료형에 어떤 말이든 넣어 주면 아이들이 이해를 하기가 더 쉬워진다.

그럼 완료형을 어떻게 해석하는지 앞의 예문을 보자.

| Coyote **had been** watching. | 코요테가 **그때까지** 보고 있었다. |

여기서 had been의 뜻은 이전부터 '그 시점까지 계속해서 어느 시점까지'를 뜻한다. 그래서 우리말로 표현을 하면 '그때까지' 정도의 기간의 지속의 의미를 사용하면 된다.

▶ have to 해석 방법

완료시제에 사용되는 have가 나왔으니 이번에는 완료형이 아닌, have가 조동사로 사용되는 경우를 설명해 보자. 영어동화에 잘 나오는 조동사 have가 사용된 경우는 'have to'이다. 다음 예문을 기존의 방식으로 해석해 보자.

The soldiers **have to** fight against the enemy.
군인들이 싸워야**만** 했던 것은 적이었다.

기존의 방식은 have to를 동사 뒤쪽에 붙여서 해석을 했다. 조동사가 동사 앞에 나온 것을 생각하면 해석의 맛이 조금 덜한 것 같다. 이것을 다음과 같이 해석하면 어떨까?

> The soldiers **have to** fight against the enemy.
> 군인들이 **반드시** 싸워야만 했던 것은 적이었다.

문장에서 'have to'를 '반드시'라고 하면 영어 문장에서 전달하고자 하는 극적인 표현을 전달할 수 있다. 해석된 문장에서 긴박감과 절박감을 더 강하게 표시할 수가 있다.

영어동화 작가가 영어로 표현을 하였다면 어떤 의미를 전달하고자 하는 것이고 그 단어에 따라 적절한 한글표현을 찾아서 넣는 것이 중요하다. 문장 순서에 따라 한글을 적절히 표현하면 영어 문장을 흩트리지 않고 이해를 할 수 있기 때문에 스토리에 더 집중을 할 수가 있다.

영어동화에서 have to 표현을 보자.

Country Mouse has to look for some food.

이 문장은 Ladybird 출판사에서 발행한 Read it yourself 시리즈 중 'Town Mouse and Country Mouse' 책에 나오는 문장이다. 이 책은 시골 쥐와 도시 쥐 서로를 방문하면서 벌어지는 사건을 전개하고 있다.

영어 문장을 해석해 보자.

(기존 해석) Country Mouse **has to** look for some food.	(기존 해석) 시골 쥐가 음식을 찾아야<u>만</u> 한다.
(새로운 해석) Country Mouse <u>**has to**</u> look for some food.	(새로운 해석) 시골 쥐가 <u>반드시</u> 찾아야 하는 것은 음식이다.

첫 번째 해석은 기존 해석으로 has to를 '~만'으로 표시했지만 두 번째 새로운 해석은 has to를 '반드시'라고 해석을 했다. 두 번째 해석이 영어 문장 순서대로 진행하면서 영어 단어별로 정확한 의미를 전달하는 것을 볼 수 있다. 또한 has to의 의미도 정확하게 전달해서 긴박감을 더 전달한다.

◎ 긍정과 부정을 표현

동사의 역할 중에서 잘못 이해하면 거꾸로 될 수 있는 표현이 있다. 바로 긍정과 부정이다. 부정을 잘 이해하지 못하게 되면 긍정이 되어 문장의 뜻이 완전히 달라져 문제가 발생한다. 이런 경우는 영어 문장을 들을 때 나타난다. 급한 마음에 부정을 잘못 이해할 경우 긍정이 되어 문장 전체의 맥락이 맞지 않게 되는 경우가 종종 나타난다.

동사표현	예문 (해석)
긍정	I **will go** to school. 내가 **갈 곳은** 학교다.
부정	I **won't go** to school. 내가 **가지 않을 곳은** 학교다.

이 문장이 글로 나타내어 있지 않고 말로 표현을 한다고 했을 때 듣는 사람이 'won't'를 잘못 알아듣게 되어 부정의 뜻을 이해 못하면 문장은 긍정의 문장이 된다. 영어동화에서도 일반적으로 부정의 문장이 많이 사용된다.

I did not sit up front.

이 문장은 Scholastic의 'No Way'에 나오는 표현으로 아이가 자동차 앞자리에 앉고 싶어 하지만 부모가 허락하지 않아 앞자리에 앉지 못한 표현을 나타내고 있다.

이 문장을 해석해 보자.

He **did not sit up** front.	그가 앉지 않은 곳은 앞쪽이었다.

부정은 우리말에서 가장 뒤에 오는 말이지만 영어에서는 가장 앞쪽에 오는 말이다. 부정은 한마디 한글로 표현하기 어려워 뒤의 동사와 같이 붙여 한글로 해석해야 한다.

◎ **현실과 가정을 표현**

동사의 역할 중에는 현실에서 일어나지 않는 사실을 가정하기도 한다. 가정의 의미는 후회를 하거나, 바람을 나타내는 등 현실을 반대로 생각해 보는 역할로 영어동화에서 아주 많이 쓰이는 표현이다. 동화의 나라에서는 주인공이 되고 싶거나 하고 싶은 일을 가정해서 표현해서 상상의 나래를 펼쳐 흥미로운 글의 전개를 가지고 온다.

동사표현	예문 (해석)
현실	I **went to** school. 내가 **갔던 곳은** 학교다.
가정	I **would go** to school. 내가 **갈 수도 있었던 곳은** 학교다. (실제로는 가지 못했다.)

위의 표현에서 가정은 현실에서 하지 못했던 사실을 표현하면서 하지 못한 일에 대한 아쉬움이나 후회를 나타내고 있다. 학교에 갈 수 있었지만 결국 학교에 가지 못한 일을 안타깝게 표현하고 있다.

영어동화에 나오는 가정문을 보자.

He was so slow, a tortoise could run faster.

이 문장은 Franklin Watts의 'Little Joe's Big Race'에 나오는 문장으로 덩치가 작은 Joe가 학교 운동회에서 일어나는 일을 적은 내용으로 달리기에서 아주 늦은 Joe를 거북이에 빗대어서 거북이가 더 빠르다는 가정을 말하고 있다.

이 문장을 해석해 보자.

He	그가(Joe가)
was so slow,	아주 느려서
a tortoise	거북이가
could run	**아마도 달리는 것이**
faster.	더 빠를 수도 있다.

◎ 능동과 수동을 표현

한글과 영어의 표현 방법 중 가장 큰 특징을 가지는 것은 영어에서 수동을 쓴다는 것이다. 수동의 의미는 '당한다'는 의미이기는 하지만 실제적으로 우리말 표현은 영어만큼 수동을 많이 사용하지는 않는다.

동사표현	예문 (해석)
능동	The hunter **killed** a bear. 사냥꾼이 죽인 것은 곰이었다.
수동	A bear **was killed by** the hunter. 곰을 **죽인 것은** 사냥꾼이었다.

위의 예문에서 능동은 주체가 행동을 하게 되지만 수동은 주체가 행동을 당하는 형태로 표현을 한다. 우리말에 수동형이 많이 사용되지 않는 이유로 인해 영어 문장에서 수동형이 쓰이면 이해를 하는 데 어려움이 있다. 특히 영어를 들을 때는 익숙지 않은 수동형을 들었을 때 만약 능동으로 듣게 된다면 문장의 뜻이 완전히 바뀌게 되므로 아주 주의를 기울어야 하는 부분이 된다.

영어동화에 나온 수동태를 살펴보자.

The boat was pulled by three swans.

이 문장은 Franklin Watts 출판사의 'Bone Islands'에 나오는 내용으로 낯선 사람을 따라가서 발생하는 해프닝을 적어 놓았다. 수동태를 해석해 보자.

The boat was pulled by three swans.	배를 끌고 간 것은 3마리의 백조였다.

수동태를 해석하는 방법은 주어에 '~을(를)'을 붙여서 목적어처럼 해석을 하면 영어 문장이 진행하는 방향으로 해석을 할 수 있다.

방법 4.

동사 다음에 사람이 나오면 어떻게 해석하나요?

영어동화에서 주어와 동사가 나오고 나면 그 다음에 사람이 나오는 경우는 다음 두 가지다.

주어 + 동사 + 사람 + 명사
주어 + 동사 + 사람 + 동사 형태

◎ **주어+동사+사람+명사(4형식)**

이 경우는 영어 문장에서 두 명의 주체가 있고 한 개의 동사가 있는 경우이다. 등장인물이 두 명이고 한 개의 동사만 있으므로 뒤에 나오는 사람은 행동을 하지 않는다. 이 사람은 그냥 받기만 하는 역할을 하게 된다. 이 문장 형태는 기존형식으로는 4형식에 해당한다. 예문을 보자.

```
They gave him a book.
사람 동사 사람   명사
```

예문에서 등장하는 사람은 They와 him 두 명이며 동사는 gave 하나이다. 이 경우 첫 번째 나오는 사람의 경우는 행동을 하게 되지만 두 번째 나오는 사람의 경우는 행동을 하지 않는다. 이 경우의 해석 방법은 다음과 같다.

They	그들이
gave him	**그에게 주었던 것은**
a book	책이었다.

두 명의 등장인물과 한 개의 동사가 나올 경우 뒤에 나오는 사람까지를 묶어서 해석을 '~하는 것은'으로 해석해야 한다. 해석을 할 때 두 번째 사람을 묶어서 하는 이유를 영어동화에서 살펴보자.

She still called him...

...Issun Boshi – Little One!

이 두 장은 Franklin Watts에서 출판한 'Issun Boshi'에 나오는 내용으로 Issun Boshi라는 생쥐만큼 작은 아이가 공주를 구출해 주는 내용으로 마지막 장면의 이야기다.

이 두 장의 문장을 합쳐 보면 다음과 같은 문장이다.

| She still called him Issun Boshi - Little One! |

그렇지만 영어동화의 극적인 효과를 위해서 두 장으로 분리를 시켰다. 분리를 시키면서 문장을 어느 부분에서 분리를 했는가를 잘 살펴볼 필요가 있다.

첫 번째 장에서는 다음과 같이 두 번째 사람까지 끊었다.

| She still called him... |

즉, 영어를 쓰는 작가는 두 번째 사람까지가 의미를 전달하는 기준으로 본 것이다. 따라서 이 문장을 우리가 읽을 때는 여기까지 전달된 의미를 한글로 해석을 할 수 있어야 한다. 다음과 같이 할 수가 있다.

| She still called him... | 그녀가 여전히 그를 불렀던 것은... |

다음으로 넘어가서 해석을 이어 보자.

... Issun Boshi – Little One!

... Issun Boshi – Little One!	... 이선 보시 – 작은 사람! 이라고 했다.

이 형태로 쓰이는 예문을 몇 개만 더 알아보자.

They **gave** him/ a book.
그들이 그에게 **준 것은**/ 책이었다.

He **showed** her/ a new house.
그가 그녀에게 **보여 준 것은**/ 새집이었다.

She **brought** him/ an umbrella.
그녀가 그에게 **가져다 준 것은**/ 우산이었다.

The teacher **handed** them/ papers.
교사가 그들에게 **나눠 준 것은**/ 종이였다.

◎ 주어+동사+사람+동사(5형식)

이런 형태의 문장은 등장인물이 두 명이고 동사도 두 개가 나온다. 등장인물마다 행동을 하는 형태이다. 우리가 일반적으로 알고 있는 문장형태로는 5형식이라고 한다. 예문을 보면서 그 의미를 생각해 보자.

She **wanted** **him** to **kill** the bear.
사람   동사   사람   동사

이 문장에서 등장인물은 She와 him 두 명이며 동사는 wanted와 kill 두 개다. 등장인물마다 행동을 각각 한다는 의미이다.

She **wanted**/ him to **kill** the bear.
그녀가 **원해서**/ 그가 **죽여야 했던 것은** 곰이다.

첫 번째 나오는 She(그녀)의 행동은 wanted(원하는 것)이었고 두 번째 나오는 him(그)의 행동은 kill(죽이는 것)이다.

이런 종류의 문장은 두 사람 간의 행동의 연관 관계가 있도록 표현을 하는 것이다. She가 원했기 때문에 him가 죽이는 행동을 하게 되는 것이다. 만약 She가 원하지 않았다면 him이 죽이는 행동을 할 이유가 없다.

그래서 이런 문장에서는 먼저 나오는 사람으로 인해 뒤에 나오는 사람의 행동이 제약을 받게 된다. 따라서 첫 번째 동사는 뒤에 나오는 사람에게 영향을 미치므로 해석은 '~인해서', '~ 때문에' 형태로 해석을 하면 된다.

They **heard**/ the thief **run** away.
그들이 **들었던 것은**/ 도둑이 **도망가는 것**이었다.

Her mom **made**/ her **leave** right now.
그녀의 엄마가 **시켜서**/ 그녀가 **떠난 것은** 즉시였다.

The king **allowed**/ her daughter to **marry**.
왕의 **허락으로**/ 그녀의 딸이 **결혼했다**.

영어동화에 두 명의 등장인물과 두 개의 동사가 나오는 문장을 보자.

Cinderella helped
her sisters to dress.

이 문장은 Ladybird에서 발행한 전래동화 'Cinderella'에 나오는 내용으로, 신데렐라가 무도회에 가는 계모의 딸들인 언니들이 옷을 입는 것을 도와주는 장면이다.

등장인물은 두 부분이다. 첫 번째 등장인물은 신데렐라이고 두 번째 등장인물은 새언니들이다. 동사도 두 개가 나온다. 첫 번째 동사는 help이고 두 번째 동사는 dress이다.

Cinderella	**helped**	**her sisters**	to **dress.**
등장인물1	동사1	등장인물2	동사2

이 문장을 해석해 보자.

Cinderella	신데렐라가
helped	**도와줘서**
her sisters	그녀의 새언니들이
to dress.	**옷을 입었다.**

방법 5.

긴 영어 문장은 어떻게 해석하나요?

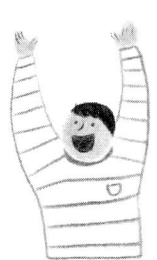

　아이들에게 읽어 주는 영어동화라고 짧은 문장만을 쓰는 것은 아니다. 스토리를 전개하는 이야기인 만큼 캐릭터들의 행동을 묘사하기 위해서는 앞에서 소개한 단순한 문장 형태만을 쓰지는 않기 때문이다. 한글동화를 보면 우리가 쓰는 일반적인 형태를 한글동화에 담아낸다. 마찬가지로 영어동화도 일반적으로 쓰는 말들을 영어로 표현하기 때문에 다양한 표현법을 쓰게 된다. 다양한 표현법은 곧 영어 문장이 길어진다는 의미이다.

　부모들이 영어동화를 아이들에게 읽어 주려고 할 때 가장 어려워하는 부분은 긴 문장이 나왔을 때이다. 그래서 영어동화를 아이에게 읽어 주려고 마음을 먹었다가도 포기하는 이유가 된다. 학창 시절에 어려워했던 긴 문장이 영어동화라고 쉬워지지는 않는다. 영어 문장이 길어지면 일단 부모로서는 어디서부터 시작해서 문장을 해석해야 할지 난감하다. 긴 영어 문장을 처음부터 끝까지 읽고 거꾸로 해석을 하게 되면 아이는 영어 문장을 따라오지도 못하고 부모는 거꾸로 해석한다고 진땀이 나고 서로가 힘든 상황이 된다.

영어 문장이 길어지는 이유를 알게 되면 영어 문장을 해석하는 것이 생각만큼 어렵지 않다는 것을 알게 된다. 먼저 영어 문장이 길어지는 이유를 보자.

◎ 동사를 연결해서 길게 만드는 방법
동사를 사용해서 문장을 길게 연결하는 방법은 세 가지가 있다. 첫 번째 방법은 동사 앞에 to를 붙이는 방법이다.

▶ to 동사로 연결(부정사)
이 방법은 동사를 연결할 때 to를 사용해서 앞 문장과 연결하는 방법이다. 영어동화에 나오는 예문을 보자.

A big crowd was waiting
on the shore <u>to cheer</u> him.

이 예문은 Franklin Watts 출판사의 영어동화 'Little Joe's Boat Race'에 나오는 내용이다. 이 동화는 어린 Joe가 보트 경주에 참가하면서 생기는 이야기를 소개하는 것으로 이 장면은 경주를 끝내고 돌아오는 Joe를 환영하는 장면이다.

예문을 자세히 보자. 이 문장에는 동사가 2개가 나온다.

A big crowd was **waiting** on the shore to **cheer** him. 　　　　　　　　제1동사　　　　　　　　　　제2동사

첫 번째 동사는 waiting이고 두 번째 동사는 cheer이다. 영어 문장에서 뒤의 동사를 앞 문장 쪽에 연결할 때 동사를 바로 앞 문장에 연결할 수가 없기 때문에 to를 사용해서 앞 문장에 연결한다. 이것을 일반 문법 용어로는 'to 부정사'라고 한다. 결국 의미는 동사를 앞에 연결한다는 뜻이다. 이 문장을 해석하는 방법은 다음과 같다.

A big crowd	많은 군중이
was **waiting**	**기다리고** 있었던 곳은
on the shore	해변으로
to **cheer** him.	그를 **환호했다**.

해석 순서를 보면 첫 번째 동사를 해석하고 두 번째 동사를 해석했다. 첫 번째 동사가 과거로 표시되어 있으므로 두 번째 동사를 과거로 해석했다. 이 문장을 시제를 반영해서 쓰면 다음과 같이 된다.

A big crowd was **waiting** on the shore and **cheered** him.

두 번째 동사를 앞 문장에 연결하기 위해서 and 대신 to를 쓰고 동사를 원형(현재형)으로 표시하게 된다.

Even the cats and dogs
심지어 고양이와 강아지는
ran away to hide!
달려가서 숨었다.

부정사 to를 and로 해석한 예

위의 영어동화는 아이가 to 부정사를 and로 연결해서 해석한 내용이다. 고양이와 강아지가 달려가서 다음으로 한 행동은 숨은 것이므로 to를 and로 해석했다. 영어 문장의 진행 방향으로 자연스럽게 스토리가 전개되는 것을 볼 수 있다.

▶ 동사 진행형으로 연결(현재분사)

두 번째 동사를 앞 문장에 연결하는 방법은 진행형을 쓰는 경우이다. 동사를 진행형으로 쓰는 이유는 주체가 행동을 하고 있음을 나타내고자 하는 목적이다. 동화에 나오는 예문을 먼저 보자.

"It's a monster!"
said Bill, <u>leaping</u> away.

이 예문은 Franklin Watts 출판사의 영어동화 'Bill's Scary Backpack'에 나오는 내용으로 주인공 Bill이 선물로 받은 가방 때문에 놀라 도망가는 장면을 보여 주고 있다. 이 문장을 먼저 해석해 보자.

"It's a monster!" said Bill, **leaping** away.	"이것은 괴물이야!" 말한 것은 Bill이었고, **뛰면서** 도망갔다.

이 예문에서 leaping의 뜻은 주인공 Bill이 말을 하면서 뛰어서 도망가는 장면을 묘사하기 위해서 동사 leap 뒤에 ing를 붙인 것이다. 이 문장은 다음과 같이 쓸 수 있다.

"It's a monster!" said Bill, **and leaped** away.

동사를 앞 문장에 연결하면서 진행의 의미를 나타내기 위해 접속사 and를 없애고 leaping으로 표시한 것이다.

▶ 동사 과거형으로 연결(과거분사)

동사를 앞 문장에 연결하는 세 번째 방법은 과거형 동사를 사용하는 것이다. 과거형 동사의 의미는 수동의 의미를 담고 있다. 영어동화에 나오는 예문을 보자.

**He was a huge giant
made of bones.**

이 예문은 Franklin Watts 출판사의 'Strangers'에 나오는 내용으로 낯선 사람이 알고 보니 뼈로 만들어진 무서운 사람이었다는 내용을 전달하고 있다. 이 문장을 해석해 보자.

He was a huge giant **made** of bones.	그는 큰 거인으로 **만들어진** 재료는 뼈였다.

이 문장에서 동사는 was와 made로 2개가 나온다. 첫 번째 동사를 먼저 해석하고 두 번째 동사를 해석하면 된다. 두 번째 동사 made는 문장 중간에서 앞 말을 연결하는 역할을 하면서 과거형으로 쓰였다. 문장 중간에 나오는 동사가 과거형일 경우는 그 뜻은 수동이다. 이 예문에서는 giant가 '만든' 능동의 뜻이 아니고 '만들어진' 수동의 뜻이 된다.

▶ **동사 뒤에 동사~ing로 연결(동명사)**

영어 문장을 쓸 때 동사 뒤에 다른 동사를 사용해서 연결하는 경우가 있다. 이때 뒤에 나오는 동사를 ~ing형태로 표현하면서 연결을 한다. 영어동화에 나오는 예문을 보면서 설명하자.

**Cats got used to
living with people.**

위의 예문은 Franklin Watts에 나오는 'Cats'에 나오는 내용으로 고양이가 사람과 같이 살게 되는 과정을 그린 것이다. 예문에서 나오는 동사는 두 개다. 첫 번째 동사는 got used to이고 두 번째 동사는 living이다. 첫 번째 동사를 먼저 해석하고 두 번째 동사를 해석하는 것이 중요하다. 예문을 해석해 보자.

cats got used to **living** with people.	고양이가 익숙해져 **같이 산 것은** 사람들이었다.

이 예문의 해석을 보면 고양이가 익숙해져서 결국 사람들과 같이 살게 되었다는 내용을 나타내고 있다. 첫 번째 동사를 먼저 해석하고 두 번째 동사를 해석하면 된다.

◎ 문장으로 연결된 긴 문장 해석

영어동화에서 문장을 길게 표현하는 방법 중에는 앞에서 설명한 동사로 연결하는 방법과 접속사로 연결하는 방법이 있다. 이번에는 접속사로 연결하는 방법을 보자. 접속사는 모든 사람들이 잘 알고 있는 방법이므로 어려움이 없을 것으로 생각된다. 이번에 설명할 내용은 접속사 역할을 하는 관계사이다.

▶ 관계대명사로 연결된 문장

관계대명사라는 뜻이 무엇일까? 말의 의미를 한번 살펴보자. 관계대명사에서 '관계'라는 뜻은 '연결'이라는 의미이며 대명사는 '앞의 명사를 대신하는 말'로 쓸 수 있다.

관계	대명사
and	it

따라서 관계대명사가 나오면 앞의 말을 연결해서 대명사를 바로 해석을 하면 된다. 영어동화에 나오는 관계대명사 예문을 보자.

All the puppies followed their owners...

...except Barney, who chased a butterfly.

이 문장은 Franklin Watts 출판사의 'The Naughty Puppy'에 나오는 내용으로 말을 잘 듣지 않는 강아지의 돌출 행동을 두 페이지에 걸쳐서 묘사하고 있다.

예문에 관계대명사 who가 나온다. 관계대명사 who는 움직이는 것을 표현할 때 사용한다. 사람, 동물 등 움직이는 물체를 뒤로 연결할 때 쓴다. 여기서 who가 나타내는 것은 강아지 Barney이다. 해석을 해 보자.

All the puppies followed their owners...	모든 강아지들이 따라간 것은 그들의 주인이었고...
...except Barney, **who** chased a butterfly.	...예외는 바니였고, 그가(바니가) 쫓아간 것은 나비였다.

관계대명사는 접속사와 대명사의 역할을 하고 있으므로 대명사를 해석할 때는 대명사가 뜻하는 것을 정확히 지칭을 해서 해석을 해야 한다. 위의 예문에서도 who를 해석할 때 '그가'라고 해석하는 것보다는 '바니가'로 해석하는 것이 문장을 더 명쾌하게 이해할 수 있도록 해 준다.

이번에는 사물을 나타내는 관계대명사를 보자. Franklin Watts 출판사의 영어동화 'Baba Yaga'에 나오는 내용을 보자.

She lived in a magic
hut that walked around
on two legs like a hen.

이 문장은 마녀 Baba Yaga가 살고 있는 곳을 설명하고 있다. 문장 속에 관계대명사 that가 나온다. 먼저 해석을 해 보자.

She	그녀(바바 야가)가
lived	살았던 곳은
in a magic hut	마법의 오두막으로
that	**그것이(그 오두막이)**
walked around	걸어서 돌아다니며
on two legs	두 다리를 사용했으며
like a hen.	마치 닭과 같았다.

예문에 나오는 관계대명사 that는 앞에 나오는 hut을 대명사를 받아서 연결하는 역할을 한다. 따라서 해석을 할 때는 '그 오두막이'라고 반드시 지칭을 해야 명쾌하게 문장을 이해할 수 있다. 관계대명사를 사용하면 문장이 길어지지만 차근차근 왼쪽에서 오른쪽으로 해석을 하면 연결된 긴 문장을 해석하는 것도 문제가 되지 않는다.

관계대명사 중에서 which가 나오는 경우를 보자. which도 that와 마찬가지로 앞의 명사를 받아서 뒤로 연결하는 역할을 한다. 영어동화에 나오는 예문을 보자.

This is the story of Issun Boshi, which means Little One.

이 예문은 Franklin Watts 출판사가 발행한 영어동화 'Issun Boshi'에 나오는 문장으로 아주 작은 꼬마가 활동하는 모습을 나타내고 있다. 이 문장에 which가 나오고 있다. 해석을 해 보자.

This	이
is the story	이야기는
of Issun Boshi,	이산 보시에 대한 것으로
which	**이것(이산 보시)이**
means	의미하는 것은
Little One.	'작은 것'이다.

이 문장에서 관계대명사 which가 의미하는 것은 바로 앞에 있는 명사 Issun Boshi를 의미하므로 해석할 때 '이것'이라고 해석하는 것보다는 '이산 보시'라고 분명히 지칭을 해서 해석하도록 하는 것이 명확하게 문장을 이해할 수 있다.

앞에서 본 세 가지의 관계대명사 that, who, which는 바로 앞에 나오는 명사를 받아서 연결해 주는 역할을 하고 있다는 것을 볼 수 있다.

▶ **관계부사로 연결된 문장**
관계부사는 관계대명사와 마찬가지로 앞의 문장을 뒤로 연결하는 역할을 한다. 관계대명사가 대명사를 연결하는 역할을 한다면 관계부사는 부사를 사용해서 연결하는 역할을 한다. 관계부사 when이 나오는 영어동화 예문을 보자.

Haridatta was sitting under a tree <u>when</u> an enormous snake slithered out from a hole.

이 예문은 Franklin Watts 출판사의 영어동화 'Gold-giving Snake'에 나오는 내용으로 부지런한 농부에 대한 내용을 다루고 있다. 이 문장 중간에 관계부사 when이 나왔다. 일단 해석부터 해 보자.

Haridatta	하리다타가
was sitting	앉아 있었던 곳은
under a tree	나무 아래였고
when	**그때**
an enormous snake	거대한 뱀이
slithered out	기어서 나왔으며
from a hole.	구멍에서였다.

이 문장에서 when이 앞의 문장과 뒤의 문장을 이어주는 관계부사의 역할을 하고 있다. 관계부사는 접속사와 부사의 역할을 하고 있으므로 'and then'의 뜻을 담고 있다. 즉 '그 당시'의 의미를 담고 있다. 이 문장에서는 '주인공이 나무 아래에 앉아 있었을 당시'라는 뜻이다.

이번에는 장소를 나타내는 관계부사 where이 나오는 영어동화 문장을 보자.

He sniffed the air and turned to a tree <u>where</u> Eagle was hiding.

이 문장은 Franklin Watts 출판사의 영어동화 'The stranger'에 나오는 문장으로 주인공 Eagle이 도망가는 장면을 묘사하고 있다. 이 문장 중간에 문장과 문장을 연결해 주는 관계부사 where이 나온다. 먼저 해석을 해 보자.

He	그가
sniffed	냄새 맡은 것은
the air	공기였고
and	그리고
turned to	돌아선 곳은
a tree	나무 쪽으로
where	**그곳에**
Eagle was hiding.	이글이 숨어 있었다.

이 문장에서 where의 역할은 접속사와 부사의 역할을 한다. 즉, and there의 뜻을 가지고 있다. 여기서 there은 나무를 가리키는 말이다. 문장이 길어졌지만 연결하는 역할을 이해하면 어려움이 없다.

Let's have
a picnic!

Sid and Dan ran
and ran

"Now, children"

제 3 장
영어 문장 순서대로
술술 영어동화

Don't worry,
Gretel!

the mean
stepmother said

I have a plan.

동화 1

Hansel and Gretel
헨젤과 그레텔

Once upon a time there was a family.
　옛날 옛적 그곳에 한 가족이 있었다.
The boy was named[5] Hansel.
　남자 아이의 이름은 헨젤이었다.
The girl was named Gretel.
　여자 아이의 이름은 그레텔이었다.
The father was a farmer.
　아버지는 농부였다.

5　was named 이름을 지은 것은

The mother had⁶ died long ago.
　엄마는 이미 돌아가신 지가 오래되었다.

One day, the father married a new wife.
　어느 날, 아버지가 결혼을 한 사람은 새로운 아내였다.
The new wife was the stepmother of Hansel and Gretel.
　새로운 아내는 헨젤과 그레텔의 계모가 되었다.

Times were hard.
　시절은 너무 힘들었다.
For many months, there was no rain.
　수개월 동안, 그곳에는 비가 내리지 않았다.
The crops did not grow.
　곡식들이 자라지 못했다.
Without crops, there was no food.
　곡식이 없어, 그곳에는 음식도 없었다.
There was not enough to eat.
　그곳에는 충분하게 먹을 것이 없었다.
Now, the family was hungry and poor.
　이제, 가족들은 배가 고팠고, 가난했다.

6　had는 조동사로 '이미'라는 뜻

One night, the father asked,

　　어느 날, 아버지가 물었다.

"Wife, what will^7 we do?

　　"여보, 무엇을 앞으로 우리가 해야 할까요?

　We do not have enough to eat^8."

　　우리가 가지고 있는 것이 충분하지 않아 먹지를 못해요."

"Don't worry,"

　　"걱정하지 마세요."

the stepmother said. "I have a plan.

　　계모가 말하기를 "제가 가진 것은 한 가지 계획이에요.

Tomorrow morning, we will take the kids^9

　　내일 아침, 우리가 아이들을 데리고

 to the forest. We will go on a picnic."

　　숲으로 향할 거예요. 우리가 갈 것은 소풍이에요."

"A picnic!" the father said.

　　"소풍을!" 아버지가 말을 했다.

"How will that help?"

　　"어떻게 그것이 도움이 되나요?"

7　will은 미래를 나타내는 조동사이므로 '앞으로'로 해석
8　문장 앞의 not로 인해 'to eat'을 'and not eat'으로 해석
9　take 동사는 뒤에 오는 사람을 먼저 해석해야 함

"We will leave[10] the kids in the forest,"
   "우리가 아이들을 남겨 놓을 곳은 숲 속이에요."
said the stepmother. "Then we will sneak
   말을 한 것은 계모였다. "그런 후 우리가 살며시
away. The kids will be lost.
   도망을 가는 거예요. 아이들이 길을 잃게 되죠.
And we can have more food at home."
   그러면 우리가 먹을 수 있는 것은 더 많은 음식이죠. 집에서 말이에요.
"That is a terrible idea.
   "그것은 끔찍한 생각이에요.
What kind of father would do that to his children."
   어떤 아버지가 그렇게 할까요. 아이들에게"
the father asked.
   아버지가 물었다.
"A poor one," the stepmother answered.
   "가난 때문이에요." 계모가 답을 했다.
"I don't like it, but I'll do it,"
   "내가 좋아하지 않는 것은 그 생각이지만, 내가 할게요. 그렇게.
the father said sadly.
   아버지가 말을 하면서 슬퍼했다.

---

10 leave 동사는 뒤에 오는 사람을 먼저 해석해야 함

Little did the parents know that
   아무것도 부모가 알지 못했던 것은
Hansel and Gretel had[11] heard every word.
   헨젤과 그레텔이 그때까지 듣고 있었던 것이 모든 대화라는 것이었다.
"Don't worry, Gretel," Hansel whispered.
   "걱정하지 마, 그레텔," 헨젤이 속삭였다.
"I have a plan."
   "내가 가지고 있는 것은 한 가지 계획이다."
The very next day, Hansel got up early.
   바로 다음 날, 헨젤이 일어난 것은 이른 시간이었다.
He collected lots of bright blue pebbles.
   헨젤이 모았던 것은 많은 양의 밝은 푸른색 자갈이었다.
He put[12] them in his pocket.
   헨젤이 자갈을 집어넣었던 곳은 헨젤의 주머니였다.
After breakfast, the stepmother said,
   아침 식사 후, 계모가 말을 하기를,
"Let's have a picnic!"
   "우리가 갈 것은 소풍이야!"

---

11   had는 완료 조동사로 '그때까지'라는 뜻
12   put 동사는 뒤에 오는 말을 먼저 해석해야 함. 이 문장에서 them이 지칭하는 것을 잘 해석해야 함

Then, the family went to the forest.
　그리고 나서, 가족들이 갔던 곳은 숲이었다.
As the family walked into the forest,
　그때, 가족들이 걸어서 들어간 곳은 숲이었고,
Hansel dropped a bright blue pebble
헨젤이 떨어뜨린 것은 밝은 푸른색 자갈이었으며
every few steps.
　몇 발자국 마다였다.
"Now, children," the mean stepmother said,
　"자, 얘들아," 나쁜 계모가 말하기를,
"your father and I are going to[13] collect
　"너의 아버지와 내가 곧 따러 갈 것은
some berries.
　몇 개의 베리야.
We'll be right back."
　우리가 곧바로 돌아올게."
The father kissed both of his children.
　아버지가 키스를 한 것은 두 명의 그의 아이들이었다.
Then he walked away with the stepmother.
　그런 후, 아버지가 걸어서 사라졌으며 계모와 같이 갔다.

---

13 is going to 는 '곧'으로 해석

Gretel started[14] to cry.
  그레텔이 서서히 울음을 터트렸다.
"Do not cry!" Hansel said.
  "울지 마!" 헨젤이 말했다.
"We will find our way home.
  "우리가 곧 찾게 될 것은 우리의 길이고 집 쪽이야.
I dropped blue pebbles all along the way."
  내가 떨어뜨린 것은 푸른 자갈로 길 전부에 있어."
Hansel and Gretel followed the pebbles all
  헨젤과 그레텔이 따라간 것은 자갈로써
the way home.
  그 길로 집으로 향했다.

A few hours later,
  몇 시간 후,
Hansel and Gretel arrived home.
  헨젤과 그레텔이 도착한 곳은 집이었다.
The stepmother looked[15] angry.
  계모의 표정은 화가 나 있었다.

---

14 start(begin) to 동사 문장에서 start(begin)는 '서서히'라는 뜻
15 look 동사는 '모습은'의 뜻

The father looked happy.
  아버지의 표정은 행복했다.
"Thank goodness, you came home!"
  "감사합니다, 하느님, 너희들이 돌아왔구나. 집으로!"
their father said.
  아이들의 아버지가 말을 했다.
"It was silly of[16] you to get lost,"
  "어리석었던 것은 너희들이 길을 잃도록 하는 것이었어."
said the stepmother.
  말을 한 것은 계모였다.
After Hansel and Gretel went to bed,
  그런 후 헨젤과 그레텔이 간 곳은 침실이었고,
the parents had a talk.
  부모들이 가진 것은 대화였다.
"We have to[17] try it again,"
  "우리가 반드시 시도를 다시 해야 합니다."
the stepmother said.
  계모가 말을 했다.

---

16 'be 형용사 of'는 동사처럼 해석
17 have to 는 '반드시'라는 뜻

"I can't," said the father.
    "나는 못해,"라고 말한 것은 아버지였다.
"I love them."
    "내가 사랑하는 것은 그 아이들이야."
"We are doing it again. Tomorrow,"
    "우리가 하게 될 것이에요 다시 한 번요. 내일 말이에요,"
the stepmother said.
    라고 계모가 말했다.
Her voice was firm.
    계모의 목소리는 확고했다.
This time, Hansel and Gretel did not
    이번에는, 헨젤과 그레텔이
overhear them.
    엿듣지 못한 것은 부모님의 대화였다.

The next morning,
    다음 날 아침,
the family went to the forest.
    가족들이 갔던 곳은 숲이었다.

The stepmother gave[18] each of them a crust
  계모가 각 아이들에게 주었던 것은 부스러기
of bread.
  빵이었다.
Hansel broke the piece into bits.
  헨젤이 부숴서 그 조각을 작게 만들었다.
He left the bits as[19] he walked through the forest.
  헨젤이 떨어뜨린 것은 조각으로 그러면서 헨젤이 걸어서 들어간 곳은 숲이었다.
"Now, children," the stepmother said,
  "자, 애들아," 계모가 말을 했다.
"your father and I are going to get berries.
  "너의 아버지와 내가 곧 딸 것은 베리야.
We will be right back."
  우리는 곧 돌아올 거야."

Of course, the parents did not come back.
  물론, 부모님들은 돌아오지 않았다.

---

18 gave 동사는 뒤에 오는 사람을 먼저 해석해야 함
19 as 접속사는 '그때'라는 뜻

"Do not worry," Hansel told Gretel.
　"걱정하지 마," 헨젤이 말을 그레텔에게 했다.
"We will follow the bread crumbs home."
　"우리가 따라갈 것은 빵 조각으로 집으로 갈 거야."
But the bread crumbs had been eaten by be eaten by[20]
　그러나 그 빵 조각들을 이미 먹어치운 것은
birds.
　새들이었다.
They were long gone.
　빵 조각들은 오래전에 가 버리고 없었다.

Now Hansel and Gruntle were truly lost.
　이제 헨젤과 그레텔은 정말로 길을 잃게 되었다.
Hansel and Gretel kept[21] walking.
　헨젤과 그레텔은 계속해서 걸어갔다.
They tried to[22] find a way home.
　그들이 열심히 찾으려고 했던 것은 집으로 가는 길이었다.
Suddenly, they came upon a gingerbread
　갑자기, 헨젤과 그레텔이 만난 것은 생강빵으로 된

20　수동형의 해석은 주어를 목적어로 해석
21　kept walking 문장은 동사+동사의 문장으로 앞의 동사를 '~해서'로 해석
22　try to는 '열심히'로 해석

house.
　　집이었다.

It was made of gingerbread and candy.
　　집이 만들어진 재료는 생강빵과 사탕이었다.

The children ran to the house.
　　헨젤과 그레텔이 달려간 쪽은 집이었다.

They were so hungry. They started eating.
　　아이들은 너무 배가 고팠다. 아이들이 서서히 먹기 시작했다.

An old woman came out.
　　늙은 여인이 밖으로 나왔다.

"Why, children! How nice to see you[23]."
　　"왜, 아이들아! 정말 좋구나. 너희를 보게 되어서."

"We are lost," Gretel explained.
　　"우리가 길을 잃었어요."라고 그레텔이 설명했다.

"I can see that," the old woman said.
　　"내가 알 수 있을 것 같아,"라고 노인이 말했다.

"Please come inside and have a good meal.
　　안쪽으로 들어와. 그리고 먹어. 좋은 식사를.

I will take good care of you."
　　내가 잘 보살펴 줄게. 너희들을"

---

23 how로 시작되는 문장은 동사 뒤의 목적어를 먼저 해석해야 함

Hansel and Gretel could not believe their luck.
헨젤과 그레텔이 믿을 수 없었던 것은 그들의 행운이었다.

As soon as they got into the house, the
곧 아이들이 들어간 곳은 집이었지만,

old woman changed.
노인이 변했다.

She was a witch.
그 노인은 마녀였다.

She threw[24] Hansel into a cage.
마녀가 헨젤을 집어던져 창살에 넣었다.

She made[25] Gretel do all the housework.
마녀가 시켜서 그레텔에게 하도록 한 것은 모든 집안일이었다.

"I will eat Hansel when[26] he is fat enough,"
"내가 먹어 치울 것은 헨젤이야. 그때는 헨젤이 살이 충분할 거야."

the old woman said.
노인이 말했다.

But Gretel tricked her.
그러나 그레텔이 속인 것은 마녀였다.

---

24 동사+사람+명사 등이 올 경우 사람을 먼저 해석
25 동사+사람+동사가 올 경우 동사까지 해석. 여기서 made를 '시켜서'로 해석
26 when 접속사는 '그때'라고 해석하고 앞의 상황을 설명

The old woman was almost blind.
그 늙은 마녀는 거의 눈이 보이지 않았다.
Every day, she checked to see if Hansel
매일, 마녀가 확인해 본 것은 헨젤이
was fat yet.
살이 쪘는지였다.
"Let[27] me touch your finger," the old woman
"내가 만져 봐야겠다, 너의 손가락을," 늙은 마녀가
said.
말했다.
Gretel gave Hansel a chicken bone.
그레텔이 헨젤에게 준 것은 닭 뼈였다.
The old woman touched the chicken bone.
늙은 마녀가 만지게 된 것은 닭 뼈였다.
"I don't understand it," said the old woman.
"내가 이해를 못하겠네," 말한 것은 늙은 마녀였다.
"I keep feeding the boy. But he stays[28] so thin."
내가 계속해서 먹인 것은 이 소년인데. 그러나 이 소년이 여전히 그렇게 야위었네."

---

27 let 동사는 '허락해 주면', '배려해 주면'이라는 뜻으로 뒤의 주어를 바로 해석
28 stay는 '여전히'라는 뜻

"Well, I have had enough of waiting," the

"음... 내가 이미 충분히 기다렸어,"

old woman said.

늙은 마녀가 말했다.

"Thin or not, I am going to eat him right

"야위었든 아니든, 내가 곧 먹어 치울 것은 헨젤이야,

now.

지금 당장 말이야.

Gretel, turn on the stove."

그레텔, 불을 올려. 스토브에."

Gretel opened up the stove.

그레텔이 열었던 것은 스토브였다.

She had to think fast.

그레텔은 생각을 빠르게 해야 했다.

"Can you help me?"

"당신이 저를 도와주실 수 있나요?"

Gretel asked[29] the old woman.

그레텔이 요청을 늙은 마녀에게 했다.

"There is something at the back of the stove."

"저쪽에 어떤 것이 스토브 뒤편에 있어요."

---

29 동사를 해석할 때 '~을'로 해석하면 편리할 때가 있다

The old woman stuck her head in the oven.
　늙은 마녀가 밀어 넣은 것은 그녀의 머리로 오븐 안이었다.

"Where?" the old woman asked.
　"어디?"라고 늙은 마녀가 물었다.

With all her might, Gretel shoved the old
　모든 그녀의 힘으로, 그레텔이 밀어 늙은
woman into the oven.
　마녀가 오븐 속으로 들어가게 되었다.

Then she unlocked Hansel's cage.
　그러고 나서, 그레텔이 연 것은 헨젤의 창살이었다.

"Quick! Let's go!" Gretel cried.
　"빨리! 가자!" 그레텔이 소리쳤다.

They ran outside.
　아이들이 달려서 밖으로 나왔다.

A swan spoke to them.
　백조 한 마리가 말을 아이들에게 했다.

"You two look lost.
　너희 둘은 보기에 길을 잃었구나.

I can take you home if you like.
　내가 너희들을 데리고 집으로 가 줄게 만약 너희들이 좋다면.

Hop on."
　올라타."

So Hansel and Gretel hopped on.
그래서 헨젤과 그레텔이 올라탔다.

The swan carried them home.
백조가 실었던 것은 그들이었고 집으로 향했다.

When they got home, they found that their
그때 그들이 집에 도착했으며, 아이들이 알게 된 것은

stepmother had left.
계모가 이미 떠나 버렸다는 것이었다.

Only their father was at home.
단지 그들의 아버지만 집에 있었다.

"Can you ever forgive me?" he asked them.
"너희들이 정말 용서해 주겠니, 나를?" 아버지가 아이들에게 물었다.

"I looked and looked for you.
내가 찾고 찾으려고 했던 것이 너희들이야.

I know what I did was wrong."
내가 알고 있는 것은 내가 한 일이 잘못된 것이라는 거야.

"We forgive you, Dad," said Hansel and Gretel.
"우리가 용서해요 아빠," 말한 것은 헨젤과 그레텔이었다.

Soon the rains came again.
곧, 비가 다시 내렸다.

The crops grew.
　곡식이 자라났다.
There was enough food.
　그곳에는 충분한 음식이 있었다.
Hansel and Gretel lived happily ever after.
　헨젤과 그레텔의 삶은 행복했으며 그 이후에도 그랬다.

동화 2

Snow White and the Seven Dwarfs
백설 공주와 일곱 난쟁이

Once upon a time, on a cold winter's day,
  옛날 옛적에, 추운 겨울날,
a queen sat and made clothes for her
  여왕이 앉아서 만들고 있었던 것은 옷으로 그녀의
baby. She wanted to have a little girl.
  아기를 위해서였다. 왕비가 정말 가지고자 한 것은 여자애였다.
"My little girl will be very beautiful.
  "내 여자아이는 아마도 매우 예쁠 거야.

She will have skin as white as[30] snow, hair
　그 아이가 가질 피부가 하얀 것은 눈 같으며, 머리가
as black as trees in winter, and cheeks as
　검은 것은 겨울나무와 같으며, 뺨이
red as blood," thought the Queen.
　붉은 것은 피와 같을 거야,"라고 생각하는 것은 여왕이었다.
The little girl was born. She was beautiful
　작은 여자애가 태어났다. 그 아이는 예뻤으며
and the Queen called[31] her Snow White.
　여왕이 그 아이를 부르기를 백설 공주라 했다.
But, when the Princess was two years
　그러나 그 당시 공주가 2살이었는데
old, the Queen was very ill and died.
　왕비가 매우 아파서 죽었다.

After a few years, Snow White's father,
　몇 년 후, 백설 공주의 아버지인
the King, married again. The new queen
　왕이 결혼을 다시 하게 되었다. 새 여왕이

30　as~as 비교 문장은 앞의 as까지를 주어처럼 해석하면 편리
31　call 뒤에 사람이 나오면 사람을 먼저 해석

thought that she was the most beautiful
　　생각한 것은 그녀가 가장 아름다운
woman in the country. Every day she
　　여자로서 이 나라에서 있다는 것이었다. 매일 여왕이
stood in front of her magic mirror and
　　서 있었던 앞에 여왕의 마법 거울이 있었으며
asked:
　　물었다:
"Mirror, mirror, on the wall,
　　"거울아, 거울아, 벽 위에 있구나,
Who is the most beautiful of all?"
　　누가 가장 아름답니, 모든 사람 중에?"
The mirror always answered:
　　거울이 항상 대답하기를:
"You are, Queen,"
　　"당신입니다, 왕비님,"
But one day, when she asked this
　　그러나 어느 날, 그때도 왕비가 물은 것은 똑같은
question, the mirror said that snow white
　　질문이었으며, 거울이 대답한 것은 백설 공주가
was more beautiful than the Queen.
　　더 아름답다는 것이었다. 왕비보다도.

The Queen was jealous. She told a
　　왕비가 질투를 했다. 왕비가 말을
huntsman to take Snow White into the
　　사냥꾼에게 한 것은 백설 공주를 데리고
forest and kill her. But the huntsman
　　숲으로 가서 그녀를 죽이라는 것이었다. 그러나 사냥꾼은
couldn't do it. He told[32] Snow White to run
　　그렇게 할 수 없었다. 사냥꾼이 백설 공주에게 말한 것은
away. So she ran to the dwarf's house.
　　도망을 가라는 것이었다. 그래서 백설 공주가 도망간 곳은 난쟁이 집
　　이었다.

She lived there with seven dwarfs, and
　　백설 공주가 살았던 곳은 그곳으로 일곱 난쟁이와 함께였으며
they were kind to her. Every morning the
　　난쟁이들이 친절하게 그녀에게 대했다. 매일 아침,
dwarfs went out to work. They told her,
　　난쟁이가 나가서 일을 했다. 난쟁이가 말을 백설 공주에게 한 것은
"Be careful, Snow White. The Queen is
　　"주의하세요, 백설 공주님, 왕비는

32　told 뒤에 사람이 올 경우 사람을 먼저 해석

a very dangerous woman. She must not
아주 위험한 여자입니다. 왕비가 확실하게
know that you are here. Don't leave the
몰라야 하는 것은 공주님이 이곳에 있다는 것입니다. 떠나지 않아야 하는 것은
house and don't open the door to anyone."
집이며 열지 않아야 하는 것은 문입니다. 어느 누구에게도요."

One day the Queen asked her magic mirror
어느 날, 왕비가 질문을 그녀의 마법 거울에게 한 것은
who was the most beautiful woman of all.
누가 가장 아름다운 여자인지였다.
It said, "Snow White is more beautiful than
거울이 말하기를, "백설 공주가 더 아름다워요
you." The Queen was angry. The Queen
왕비님 보다도요." 왕비가 화가 났다. 왕비가
dressed as an old woman and went to the
옷을 입어 노인처럼 해서 갔던 곳은
dwarf's house with[33] a basket of ribbons.
난쟁이 집으로 가지고 간 것은 한 통의 리본이었다.

---

33 with는 '가지고 간 것은'으로 해석

She tied the ribbons very tightly and Snow
　　왕비가 묶은 것은 리본으로 아주 단단했으며 그래서 백설
White fell to the floor. In the evening the
　　공주가 쓰러진 곳은 바닥이었다. 저녁에,
dwarfs found Snow White and quickly
　　난쟁이가 발견한 것은 백설 공주로 재빨리
untied the ribbons.
　　푼 것은 리본이었다.

The Queen asked the mirror who was the
　　왕비가 질문을 거울에게 한 것은 누가
most beautiful of all. The mirror answered
　　가장 아름다운 사람인가 라는 것이었다. 거울이 답하기를
that Snow White was still alive. She was
　　백설 공주가 여전히 살아 있다는 것이었다. 왕비가
very angry, so the Queen dressed as
　　아주 화가 났으며, 그래서 왕비가 옷을 입어
another old woman and took a basket of
　　다른 노인처럼 해서 가지고 간 것은 하나의
poisoned combs to[34] the dwarf's house. She
　　독이 발린 빗으로 간 곳은 난쟁이 집이었다. 왕비가

---

34 to 전치사는 간 방향을 뜻함

stuck a poisoned comb into Snow White's
　　꽂아서 독이 발린 빗이 들어 간 곳은 백설 공주의
head and she fell to the floor. In the
　　머리로 백설 공주가 쓰러진 곳은 바닥이었다.
evening the dwarfs found Snow White.
　　저녁에 난쟁이들이 발견한 것은 백설 공주였다.
They quickly took the comb out of her
　　난쟁이들이 재빠르게 집어서 빗을 빼낸 것은 백설 공주의
head.
　　머리로부터였다.

The Queen asked the mirror who was the
　　왕비가 질문을 거울에게 한 것은 누가
most beautiful of all. She was very angry.
　　가장 아름다운 사람인가였다. 왕비가 매우 화가 났다.
She went back to the dwarf's house
　　왕비가 돌아간 곳은 난쟁이 집이었고
dressed as a farmer's wife with a poisoned
　　옷을 입어 농부의 아내처럼 보였고 가지고 간 것은 독이든
apple. She gave Snow White half of the
　　사과였다. 왕비가 백설 공주에게 주었던 것은 반쪽

apple. It was the poisoned half, and, when
　　사과였다. 사과가 독이든 반쪽이었으며, 그 당시
Snow White put the apple in her mouth,
　　백설 공주가 집어서 사과를 입으로 넣었으며
she fell to the floor. That evening the
　　백설 공주가 쓰러진 곳은 바닥이었다. 그날 저녁,
dwarfs could not wake her. They thought
　　난쟁이들이 깨울 수가 없었던 것은 백설 공주였다. 난쟁이들이 생각했던 것은
that she was dead. They put her in a
　　백설 공주가 죽었다는 것이었다. 난쟁이들이 집어서 그녀를
glass box and took her to the mountain.
　　넣은 것은 유리상자로 그녀를 데리고 간 곳은 산이었다.

One day, a Prince saw Snow White and
　　어느 날, 왕자가 본 것은 백설 공주였고,
fell in love with her. The dwarfs began to[35]
　　사랑에 빠지게 되었다. 난쟁이들이 서서히
carry the box down the mountain, but it
　　옮기려고 한 것은 상자로 산 아래쪽이었다. 그러나 상자가

---

35 begin to는 '서서히'로 해석

fell and the piece of apple came out of
 떨어져 사과조각이 빠져 나온 것은
Snow White's mouth.
 백설 공주의 입이었다.
The Prince and Snow White were married.
 왕자와 백설 공주가 결혼을 했다.
The jealous Queen ran away. In time,
 질투심을 가진 왕비가 도망을 갔다. 시간이 지나,
Snow White and the Prince had seven
 백설 공주와 왕자가 낳은 것은 일곱 명의
children. And they all lived happily ever
 아이들이었다. 그리고 그들이 모두 삶을 행복하게 살았다.
after.
 그 이후에도.

동화 3

Cinderella
신데렐라

Once upon a time, there was a beautiful
  옛날 옛적에, 그곳에 있었던 사람은 아름다운
girl named Cinderella. She lived with her
  소녀로 이름은 신데렐라였다. 신데렐라가 같이 산 사람은
wicked stepmother and two stepsisters.
  사악한 계모와 두 명의 새언니였다.
They treated Cinderella very badly.
  그들이 대접을 신데렐라에게 아주 나쁘게 했다.
One day, they were invited for a grand ball in
  어느 날, 그들이 초대된 곳은 무도회였으며 장소는

the king's palace. But Cinderella's
　　왕궁이었다. 그러나 신데렐라의
stepmother would not let[36] her go.
　　계모는 허락하지 않아 신데렐라는 갈 수가 없었다.
Cinderella was made to sew new party
　　신데렐라를 시켜서 바느질하게 한 것은 새로운 파티
gowns for her stepmother and stepsisters.
　　옷으로 계모와 새언니들을 위한 것이었다.
They then went to the ball, leaving
　　그들이 그러고는 갔던 곳은 무도회였고, 남겨 놓아
Cinderella alone at home.
　　신데렐라가 혼자 집에 있었다.

Cinderella felt very sad and began to cry.
　　신데렐라의 감정은 아주 슬펐고 서서히 울었다.
Suddenly, a fairy godmother appeared and
　　갑자기, 요정 대모가 나타나서
said, "Don't cry, Cinderella! I will send you
　　말하기를, "울지 마, 신데렐라! 내가 너를 보내줄게.
to the ball!" But Cinderella was sad. She
　　무도회로!" 그러나 신데렐라는 슬펐다. 신데렐라가

---

36 동사+사람+동사 문장의 경우 첫 번째 동사를 먼저 해석

said, "I don't have a gown to wear[37] for the
　　말하기를, "내가 가지고 있는 옷이 없어 입을 것이 없어요.
ball!" The fairy godmother waved her
　　무도회를 위해서요!" 요정 대모가 휘둘렀던 것은
magic wand and changed Cinderella's old
　　마술봉이었고 변화를 시켜 신데렐라의 오래된
clothes into a beautiful new gown! The
　　옷이 아름다운 새로운 옷이 되었다!
fairy godmother then touched Cinderella's
　　요정 대모가 그런 후 만진 것은 신데렐라의
feet with[38] the magic wand. She had
　　발이었으며 마술봉을 사용했다. 신데렐라가 가진 것은
beautiful glass slippers! "How will I go to
　　아름다운 유리 신발이었다! "어떻게 내가 가야 하나요,
the grand ball?" asked Cinderella. The
　　무도회장으로요?" 물은 것은 신데렐라였다.
fairy godmother found six mice playing
　　요정 대모가 본 것은 여섯 마리의 쥐가 놀이를
near a pumpkin, in the kitchen. She[39]
　　호박 근처 부엌에서 하고 있는 것이었다. 요정 대모가

37　문장 앞에 not 부정이 올 경우 뒤의 동사에도 not를 붙여서 해석
38　with를 '사용한 것은'으로 해석
39　she는 두 명의 여자가 등장하므로 누구인지를 구체적으로 해석해야 함

touched them with her magic wand and
　　만진 것은 쥐들이었으며 사용한 것은 마술봉이었고
the mice became four shiny black horses
　　쥐들이 된 것은 네 마리의 빛이 나는 검은 말과
and two coachmen and the pumpkin turned
　　두 사람의 마부였고 호박은 변해
 into a golden coach. Cinderella was
　　금색 마차가 되었다. 신데렐라가
overjoyed and set off for the ball in the
　　아주 기뻐했고, 출발을 해 향한 곳은 무도회였으며
coach drawn by^{40} the six black horses.
　　마차를 끌고 간 것은 여섯 마리의 검은 말이었다.
Before leaving, the fairy godmother said,
　　출발 전에, 요정 대모가 말하기를,
"Cinderella, this magic will only last until
　　"신데렐라야, 이 마법이 단지 지속되는 것은
midnight! You must reach home by then!"
　　자정까지야! 네가 반드시 도착을 집에 그때까지는 해야 해!
When Cinderella entered the palace,
　　그 당시 신데렐라가 들어간 곳은 궁전으로,

---

40 과거동사+by 문장을 해석할 때는 앞에 나오는 주어를 목적어로 해석

everybody was struck by⁴¹ her beauty.
　　모든 사람을 놀라게 한 것은 신데렐라의 아름다움이었다.
Nobody, not even Cinderella's stepmother
　　어느 누구도, 심지어 신데렐라의 계모와
or stepsisters, knew who she really was in
　　새언니조차도, 몰랐던 것은 그녀가 정말로 누구인지였으며
her pretty clothes and shoes. The
　　그녀가 아름다운 옷과 신발을 신고 있었기 때문이었다.
handsome prince also saw her and fell in
　　잘생긴 왕자 또한 보게 된 것은 그녀였고 사랑을 하게
love with Cinderella. He went to her and
　　된 것은 신데렐라였다. 왕자가 갔던 곳은 그녀 쪽이었고
asked, "Do you want to dance?" And
　　묻기를, "당신이 원하시는 것이 춤인가요?"
Cinderella said, "Yes!" The prince danced
　　신데렐라가 말하기를, "네!" 왕자가 춤을
with her all night and nobody recognized
　　그녀와 밤 동안 췄으며 아무도 알아보지 못했던 것은
the beautiful dancer. Cinderella was so
　　그 아름다운 춤추는 사람이었다. 신데렐라가 너무

---

41 be+과거동사+by 문장은 주어를 목적어로 해석해야 함

happy dancing with the prince that she
   행복하게 춤을 왕자와 추었기 때문에 신데렐라가
almost forgot what the fairy godmother
   거의 잊어버린 것은 요정 대모가
had[42] said. At the last moment, Cinderella
   전에 말한 것이었다. 마지막 순간, 신데렐라가
remembered her fairy godmother's words
   기억했던 것은 요정 대모의 말이었고
and she rushed to go home. "Oh! I must
   신데렐라가 급히 향한 곳은 집이었다. "오! 제가 반드시
go!" she cried and ran out of the palace.
   가야 해요!" 신데렐라가 소리쳤고 달려서 나간 곳은 궁전이었다.
One of her glass slippers came off but
   한쪽의 신데렐라 유리 신발이 벗겨졌지만
Cinderella did not turn back for it. She
   신데렐라가 돌아가서 신발을 주우려고 하지 않았다. 신데렐라가
reached home just as the clock struck
   도착한 곳은 집이었고 그때 시계가 알린 것은
twelve. Her coach turned back into a
   12시였다. 마차가 변해서

---

42 had는 완료형에 쓰인 조동사로 과거에 발생한 내용이므로 '이전에'로 해석

pumpkin, the horses into mice and her fine
　호박이 되었고, 말은 쥐로, 신데렐라의 멋진
ball gown into rags. Her stepmother and
　무도회 옷이 누더기 옷이 되었다. 계모와
stepsisters reached home shortly after[43]
　새언니가 도착을 집에 도착하기 얼마 전이었다.
that. They were talking about the beautiful
　그들이 이야기를 나눈 것은 아름다운
lady who[44] had been dancing with the
　여인에 관한 것으로 그 여인이 그 당시 춤을
prince.
　왕자와 같이 췄다는 것이었다.

The prince had fallen in love with
　왕자가 이미 사랑에 빠진 것은
Cinderella and wanted to find out who the
　신데렐라였으며 정말 찾으려고 한 것은 그
beautiful girl was, but he did not even
　아름다운 여인이었지만, 왕자가 심지어

43　after를 문장 순서대로 해석하기 위해서는 before로 해석
44　관계대명사는 접속사+대명사로 해석

know her name. He found the glass slipper
    알지 못했던 것은 그녀의 이름이었다. 왕자가 발견한 유리 신발로
that had come off Cinderella's foot as[45] she
    그 신발이 그전에 벗겨졌던 곳은 신데렐라의 발이었고 그 당시 그녀가
ran home. The prince said, "I will find her.
    달려간 곳은 집이었다. 왕자가 말하기를, "내가 찾아야 할 것은 그녀야.
The lady whose foot fits this slipper will
    어느 여인이든 그녀의 발에 맞게 되는 것이 이 신발이라면
be the one I marry!" The next day, the
    그 여인과 내가 결혼할 거야!" 다음 날,
prince and his servants took the glass
    왕자와 그의 신하들이 들고 간 것은 유리
slipper and went to all the houses in the
    신발로 간 곳은 모든 집으로 지역은
kingdom. They wanted to find the lady
    왕궁 내였다. 그들이 정말로 찾으려고 한 것은 그 여인으로
whose feet would fit in the slipper. All the
    그녀의 발이 들어가야 하는 것은 신발이었다. 모든
women in the kingdom tried the slipper but
    여인들이 왕궁 안에서 시도한 것은 신발이었지만

---

45 as 접속사는 앞에 나오는 시점을 뜻하므로 '그 당시'로 해석

it would not fit any of them. Cinderella's
　신발이 정말로 맞는 것은 아무도 없었다. 신데렐라의
stepsisters also tried on the little glass
　새언니들 또한 신어본 것은 작은 유리
slipper. They tried to squeeze their feet
　신발이었다. 새언니들이 열심히 짠 것은 그들의 발로
and push hard into the slipper, but the
　밀어서 열심히 집어넣은 곳은 신발이었지만,
servant was afraid the slipper would break.
　신하들이 걱정한 것은 신발이 찢어질 수 있다는 것이었다.
Cinderella's stepmother would not let her
　신데렐라의 계모가 허락을 하지 않아 신데렐라가
try[46] the slipper on, but the prince saw her
　신어보지 못한 것은 신발이었지만, 왕자가 본 것은 그녀로
and said, "Let her also try on the slipper!"
　말하기를, "허락을 해서 그녀 또한 신어보도록 해라. 그 신발을!"
The slipper fit her perfectly. The prince
　신발이 들어간 것은 그녀의 발이었고 완벽했다. 왕자가
recognized her from the ball. He married
　알아본 것은 신데렐라로 무도회에 왔다는 것이었다. 왕자가 결혼한 것은

46　문장 앞에 not가 있기 때문에 try를 해석할 때 not를 붙여서 해석

Cinderella and together they lived happily
　　신데렐라였으며 함께 그들이 살았으며 행복했다.
ever after.
　　그 이후에도.

동화 4

Rapunzel
라푼젤

Long, long ago in a house that[47] overlooked
  오래, 오래전에 집 하나가 있었으며 그 집이 내려다 본 것은
a beautiful garden lived a childless couple.
  아름다운 정원이었고 살고 있었던 사람은 아이가 없는 부부였다.
They prayed to God every day to bless
  그 부부가 기도를 신께 매일 한 것은 축복을 내려
them with a child. One day they found that
  그들에게 아이가 생기는 것이었다. 어느 날, 부부가 발견한 것은
God had answered their prayer. They were
  신이 마침내 대답을 그들의 기도에 해 주었다는 것이었다. 부부가

---

47 관계대명사는 접속사+대명사의 역할을 하며 대명사를 반드시 지칭해서 해석

at long last going to have a baby!
　마침내 곧 가지게 된 것은 아이였다!

Their days passed in happiness but alas!
　부부의 날들이 지나가면서 행복했지만 아뿔싸!
the wife fell ill. She would eat nothing and
　아내가 아프게 되었다. 아내가 먹은 게 아무것도 없어
the husband was worried that she would
　남편이 걱정한 것은 아내가 아마도
waste away. He tried to tempt her with
　쇠약해질 수 있다는 것이었다. 남편이 노력해서 아내에게
many good things but she refused
　많은 좋은 것들을 주었지만 아내가 거부한 것은
everything. "But you must eat something,
　모든 것이었다. "그러나 당신이 꼭 먹어야 해. 무엇이든,
my dear," he begged her. "There is a herb
　여보," 남편이 사정을 아내에게 했다. "저쪽에 채소가 있는데
called Rapunzel in the garden next door. I
　이름은 라푼젤이고 옆집 정원에 있어요.
will feel better if I can eat that," she said.
　제가 기분이 나아질 거예요. 만약 제가 먹을 수 있는 것이 그 채소라면

요," 아내가 말했다.
The husband's heart sank when he heard
  남편의 심장이 철렁했으며 그 순간 남편이 들었던 것은
her. This garden was owned by[48] a wicked
  그녀의 말이었다. 그 정원을 소유한 사람은 사악한
witch who would let no one enter. But he
  마녀로 그 마녀의 허락 없이 누구도 들어갈 수 없었다. 그러나 남편이
loved his wife very much and so with a
  사랑한 것은 아내로 아주 많이 사랑했기 때문에
pounding heart, he decided to go into the
  뛰는 심장에도 불구하고, 남편이 결정해서 들어가기로 한 것은
garden at a time when the witch was
  그 정원으로 그때는 마녀가
away. One day, finding an appropriate time
  없을 때였다. 어느 날, 알아낸 것은 적절한 시간으로
he went into the garden. He had managed
  남편이 들어간 곳은 정원이었다. 남편이 가까스로
to pluck the herb but as he was about to[49]
  뽑은 것은 그 채소였고, 그러나 남편이 막

---

48 be+과거동사+by 문장은 주어를 목적어로 해석
49 be about to 는 '곧'으로 해석

leave, the wicked witch came back. "You
떠나려고 할 때, 사악한 마녀가 돌아왔다. "당신
thief! How dare you enter my garden?"
도둑! 어떻게 감히 네가 들어왔어, 내 정원에?
she screamed. She threatened to put a
마녀가 소리쳤다. 마녀가 위협을 해서
curse on him. He fell at her feet and
저주를 그에게 주려 했다. 남편이 꿇어앉은 곳은 마녀의 발이었고
begged, "Please don't curse me. If my wife
사정하기를, "제발 저주를 저에게 하지 마세요. 만약 내 아내가
doesn't eat this herb, she will die. She is
먹지 못하게 되는 것이 이 채소이면, 아내가 죽을 거예요. 아내가
going to have a baby and is very ill." The
곧 가지게 되는 것은 아기로 아주 아파요."
witch stopped to^{50} think awhile. "I will let
마녀가 멈춰서 생각을 잠시 했다. "내가 놓아두어
you go on one condition. You will give me
네가 가도록 해 주지만 한 가지 조건이 있어. 네가 나에게 주어야 할 것은
the baby after it's born." The poor man
그 아기야. 아기가 태어난 후에 말이야." 불쌍한 남편이

---

50 동사+to+동사 문장의 경우 동사+and+동사로 해석

had no other way out but to agree.
　가진 다른 나갈 수 있는 방법이 없어 동의를 했다.

He took the herb to his wife and
　남편이 집어 든 것은 채소로 아내에게로 갔으며
miraculously she soon recovered and gave
　놀랍게도 아내가 곧 회복이 되었고
birth to a beautiful girl. But as per the
　출산을 한 것은 아름다운 여자아이였다. 그러나
agreement the witch came to take the
　약속한 바와 같이 마녀가 와서 데리고 갔던 것은
baby away. She took Rapunzel—for that's
　아이였다. 마녀가 데리고 간 것은 라푼젤로 – 왜냐하면 그것이
what she named her—far away and locked
　마녀가 이름을 아기에게 붙였기 때문으로 – 아주 멀리 가두어
her in a high tower. The tower had no
　그녀가 있었던 곳은 높은 탑 속이었다. 그 탑에 없었던 것은
doors or stairs. There was only a window
　문과 계단이었다. 그곳에는 단지 하나의 창문이
on top.
　꼭대기에 있었다.

The only person whom Rapunzel ever saw
　　유일한 사람으로 라푼젤이 지금까지 본 것은
was the wicked witch. Rapunzel grew up
　　사악한 마녀였다. 라푼젤이 자라서
to become beautiful with pretty eyes, a
　　아름답게 되었으며 가진 것은 아름다운 눈과,
beautiful voice, and her golden hair grew
　　아름다운 목소리였으며 라푼젤의 금색 머리가 자라서
very, very long. All day long, when
　　아주, 아주 길어졌다. 하루 종일, 그때는
Rapunzel was alone, she would sing and
　　라푼젤이 혼자였고, 라푼젤이 때론 노래를 부르고
weep.
　　흐느끼기도 했다.

Every day, the wicked witch came to the
　　매일, 사악한 마녀가 온 곳은
tower with food. She stood at the bottom
　　탑이었고 가져온 것은 음식이었다. 마녀가 서 있던 곳은
of the tower and shouted, "Rapunzel!
　　탑의 바닥으로 소리쳤다. "라푼젤!

Rapunzel! Let your hair down!" Rapunzel
  라푼젤! 너의 머리카락을 내려줘!" 라푼젤이
would drop her long, braided hair through
  떨어뜨린 것은 그녀의 길게 땋은 머리카락으로
the window. The witch used the hair as a
  창문을 통해서였다. 마녀가 사용한 것은 그 머리카락으로
rope to climb into the tower.
  밧줄처럼 타고 들어간 곳은 탑이었다.

One day, a handsome prince was passing
  어느 날, 잘생긴 왕자가 지나가고 있었고
by and heard her sing[51]. He fell in love with
  듣게 된 것은 라푼젤이 노래하는 것이었다. 왕자가 사랑에
her voice and unknown to all came to the
  빠진 것은 라푼젤의 목소리였고, 알지도 못하면서 오게 된
tower every day to hear her sing. One
  곳은 탑으로 매일 들은 것은 그녀의 노래였다. 어느
day, the prince saw the witch climbing up
  날, 왕자가 본 것은 마녀가 기어 올라간 곳이
the tower using Rapunzel's hair.
  탑으로, 이용한 것은 라푼젤의 머리카락이라는 것이었다.

---

51 동사+사람+동사 문장으로 첫 번째 동사까지를 먼저 해석

The next day, the prince too called out to
　다음 날, 왕자도 마찬가지로 소리를 지른 것은
Rapunzel. "Let down your hair," he said.
　라푼젤 쪽이었다. "내려줘, 당신의 머리카락을," 왕자가 말했다.
The prince climbed to the top of the
　왕자가 올라간 곳은 탑의 꼭대기였다.
tower. After that, the prince came to meet
　그 이후에도, 왕자가 와서 만난 것은
Rapunzel every night.
　라푼젤로 매일 저녁이었다.

Alas! the witch soon discovered the prince
　맙소사! 마녀가 곧 알게 된 것은 왕자가
with Rapunzel. She pushed him from the
　라푼젤과 함께 있다는 것이었다. 마녀가 밀어뜨려 왕자가
tower onto a thorny bush, making[52] him
　타워로부터 덤불 가시 위로 떨어졌으며, 이로 인해 왕자가
blind. She banished Rapunzel into the
　눈이 멀게 되었다. 마녀가 추방을 해 라푼젤이 간 곳은
desert far away.
　사막으로 아주 멀리였다.

52　make+사람+동사(형용사) 문장에서 make를 '그로 인해'로 해석

Many years passed. The blind prince
  몇 년이 지났다. 장님이 된 왕자가
wandered alone and finally reached the
  방황을 혼자 하면서 마침내 도착한 곳은
same desert. One day, he heard familiar
  바로 그 사막이었다. 어느 날, 왕자가 듣게 된 것은 익숙한
voice singing. Following the sound he
  목소리의 노랫소리였다. 따라간 것은 그 소리로, 왕자가
found her. They hugged each other in joy.
  발견한 것은 라푼젤이었다. 두 사람이 포옹을 서로 하며 기뻐했다.
Tears of happiness rolled down Rapuzel's
  눈물이 행복해서 흘러내려 온 것은 라푼젤의
cheek. As the tears fell on the prince's
  뺨이었다. 그때 그 눈물이 떨어진 곳은 왕자의
eyes, he regained his vision.
  눈 위였고, 왕자가 다시 찾은 것은 그의 시력이었다.
The prince took[53] Rapunzel to his kingdom
  왕자가 라푼젤을 데리고 간 곳은 그의 왕궁으로
and they lived happily ever after.
  그들의 삶은 행복했으며 그 이후에도 그랬다.

---

53 take+사람+to 문장은 사람을 먼저 해석